纺织服装类"十四五"部委级规划教材

服装销售技巧

拜云莹 主编
白璐 杨艺 副主编

Clothing Sales Skills

东华大学出版社
·上海·

图书在版编目（CIP）数据

服装销售技巧/拜云莹主编 . — 上海：东华大学出版社, 2023
ISBN 978-7-5669-2219-9

Ⅰ. ①服… Ⅱ. ①拜… Ⅲ. ①服装－销售－方法 Ⅳ. ① F768.3

中国国家版本馆 CIP 数据核字（2023）第 111793 号

责 任 编 辑　刘　宇
封 面 设 计　TAK STUDIO

服装销售技巧
FUZHUANG XIAOSHOU JIQIAO

主　　　编　拜云莹
副 主 编　白　璐　杨　艺
出 版 发 行　东华大学出版社（上海市延安西路1882号　邮政编码：200051）
营 销 中 心　021-62193056　62379558
出版社网址　http://dhupress.dhu.edu.cn/
印　　　刷　上海龙腾印务有限公司
开　　　本　710mm×1000mm　1/16　印张　8.5　字数　135千字
版　　　次　2023年8月第1版　印次　2023年8月第1次印刷
书　　　号　ISBN 978-7-5669-2219-9
定　　　价　45.00元

·版权所有　侵权必究·

前 言

项目化教学作为高职院校教学的一项重要改革措施,对于改变高职教学模式、提高人才培养质量将产生深远的影响。本教材根据项目化课程要求,由具有长期理论教学经验的校内专业教师和校企合作单位服装品牌一线销售专家合作编写而成。

本书共分两大部分:服装销售基本专业技能与服装销售服务技巧。上编服装销售基本专业技能包括项目一服装导购店铺销售规范与实训与项目二服装商品卖点提炼与实训。下编服装销售服务技巧包括项目一服装导购服务技巧与实训与项目二服装推销技巧与实训。每个项目都有详细的项目练习过程和要求,可以帮助读者更好地掌握服装零售导购、客服技巧和技能的具体操作流程。

本书作为高职高专院校学生的必修课或选修课教材,按照项目式课程模式的要求编写,力求做到教、学、做三位一体,激发学生的学习兴趣,培养学生的动手能力。

本书在编写过程中主要体现了以下四点特色。

1. 理念新。教材充分体现项目引领实践导向的课程设计思想,以工作项目为主线设计教材结构。

2. 内容新。教材按照学习目标、课前自学、课中实训、课后提升等编排,在内容上简洁实用,把服装销售中的新知识、新技术、新方法融入教材。

3. 体例新。本教材每部分按照学习目标、课前自学、课中实训、课后提升、自学自测的顺序排列。教材体例活泼新颖、趣味性强、有利于调动学生学习的积极性和学习兴趣。

4. 可操作性强。教材注重实践内容的可操作性,强调在操作中理解与应用理论。

本书由杭州职业技术学院拜云莹副教授主编并编写了上编中的项目一与项目二，下编中的项目一与项目二中的任务三，白璐老师编写了下编中项目二中的任务一，杨艺老师编写了下编中项目二中的任务二并负责书中插图。在此，非常感谢校企合作单位等一线服装零售与管理专家的指导，书中使用的照片是本专业学生在上课实训中拍摄，在此非常感谢时装零售与管理、服装智慧营销专业学生提供优秀实训作业、优秀文本案例的大力支持和协助。在编写过程中编者参阅并借鉴了相关教材与文献，在此向其编写人员表示诚挚的谢意。

由于编者水平有限，书中难免存在不足之处，诚望读者不吝指正，以便再版时加以完善。

编者

2023 年 3 月

目 录

·上编·
服装销售基本专业技能

项目一 服装导购店铺销售规范与实训 [003]
  任务一　服装导购服务规范与实训　　[003]
  任务二　顾客接待礼仪　　[011]
  任务三　服装导购服务流程　　[018]

项目二 服装商品卖点提炼与实训 [025]

·下编·
服装销售服务技巧

项目一 服装导购服务技巧与实训 [037]
  任务一　服装导购日常管理　　[039]
  任务二　服装导购销售技巧　　[052]

项目二 服装推销技巧与实训 [081]
  任务一　赞美技巧　　[081]
  任务二　非销售话题　　[085]
  任务三　服装推销技巧　　[094]

参考文献　　[127]

·上编·

服装销售基本专业技能

项目一　服装导购店铺销售规范与实训

任务一　服装导购服务规范与实训

学习目标

★知识目标

1. 了解服装店铺销售规范的重要性。
2. 掌握服装导购的常用服务用语。
3. 理解服装导购着装规范的重要性。
4. 掌握服装导购销售、接待礼仪。

★能力目标

1. 掌握服装店铺销售规范礼仪。
2. 掌握服装导购规范服务用语，语言、笑容、仪态符合导购服务礼仪标准。

★素质目标

1. 养成诚实、守信、吃苦耐劳的品德。
2. 养成遵守店铺规章和行业标准的工作习惯。
3. 养成标准导购职业习惯，语言符合职业标准。
4. 具有善于合作的团队意识，能进行良好的团队合作。
5. 养成善于动脑、勤于思考、及时发现问题的学习习惯。

课前自学

了解着装礼仪的相关内容，学习服装导购店铺销售规范。

一、着装礼仪

（一）遵循 TPO 原则

着装应遵循 TPO 原则，即着装需要考虑时间（Time）、地点（Place）、场合（Occasion）。"T"指时间，如早晚、季节、时代等；"P"代表地方、场所、位置、职位等；"O"代表目的、目标、对象等。TPO 原则是目前国际上公认的着装标准，着装遵循了这个原则，就是合乎礼仪的。正确的着装，能起到修饰形体、容貌等作用，形成和谐的整体美。服饰的整体美构成，包括人的形体、内在气质和服饰的款式、色彩、质地、工艺及着装环境等。服饰美就是从这多种因素的和谐统一中显现出来。

（二）遵循个性化原则

着装应遵循个性化原则。这主要指依个人的性格、年龄、身材、爱好、职业等要素着装，力求反映一个人的个性特征。选择服装因人而异，重点在于展示所长，遮掩所短，显现独特的个性魅力和最佳风貌，现代人的服饰呈现出越来越强的表现个性的趋势。

着装要与肤色、形体、年龄相协调。比如，较胖的人尽量不选横格纹的衣服，肩膀窄小的人可以选择有衬肩的上衣，颈短的人可选择无领或低领款式的上衣等。

（三）遵循整洁原则

着装应遵循整洁原则。在任何情况下，服饰都应该是整洁的。衣服不能沾有污渍，不能有绽线的地方，更不能有破洞，扣子等配件应齐全。衣领和袖口处尤其要注意整洁。

（四）考虑不同社会角色的需求

着装要满足不同社会角色的需要。在社会生活中，人的身份是多方面、多层次的，在不同的场合担当不同的社会角色，因此要根据情况选择不同的着装，以满足不同的需要。

（五）注意色彩搭配

着装还要注意色彩的搭配。色彩搭配的方法有两种，即亲色调和法和对比色调和法。亲色调和法是将色调近似但深浅浓淡不同的颜色组合在一起。对比调和法是将对比色进行搭配，使之对立，既突出各自的特征，又能相映生辉。

二、服装导购店铺销售规范要求

（一）迎宾语言

服装导购应采用标准的迎宾语言，如"欢迎光临""请慢走""欢迎下次再来"等。

（二）着装要求

服装导购着装宜以商务装为主。

男士可选择商务西装，选择沉稳的色系，搭配浅色系衬衫，打领带或者佩戴领结，搭配皮鞋。

女士可选择西装套装、西装套裙，搭配浅色系衬衫，可以装饰小丝巾；搭配低跟或中跟皮鞋，丝袜要选择肉色连裤袜，不可以光腿或着短袜。

（三）发型要求

服装导购的头发要勤于梳洗，发型要朴素大方。男士可选择中分式、侧分式、短平式、后背式；头发不应盖过耳部，不触及后衣领，也不要烫发。女士可选择齐耳直发、微曲的中长发或丸子头等；头发不应遮住脸部，刘海儿不要过低。

（四）妆容要求

服装导购的面部要注意清洁与适当的修饰。

男士要剃净胡须、刮齐鬓角，不留小胡子和大鬓角。女士可适当化妆，但以浅妆、淡妆为宜，不可浓妆艳抹，并避免使用气味浓烈的化妆品。

三、服装导购服务礼仪标准

（一）仪态标准

仪态是指人在行为中表现出来的姿势，主要包括站姿、坐姿、步态等。如"站如松，坐如钟，走如风，卧如弓"是中国传统文化中对仪态的要求。

1. 站姿

站姿是步态和坐姿的基础。一个人想要表现出得体雅致的姿态，首先要从规范站姿开始。

站姿的基本要点：双腿基本并拢，双脚呈 45 度到 60 度角，身体直立，挺胸，抬头，收腹，平视。

站姿有两种，一种是双腿微微分开，挺胸抬头，收腹立腰，双臂自然下垂，下颌微收，双目平视。另一种是挺胸直立，平视前方，双腿适度并拢，双手在腹前交叉，男性右手握住左手腕部，女性右手握住左手的手指部分，为服务人员常用站姿。

（1）男导购标准站姿

男导购站姿要求：刚健、英武、潇洒。

标准：双手相握，叠放于腹前，或者相握于身后。双脚可以分开，与肩部同宽。

（2）女导购标准站姿

女导购站姿要求：大方典雅、亭亭玉立。

标准：双手相握，叠放于腹前，双脚自然靠拢或稍微分开。

2. 坐姿

（1）面对式

上身与大腿，大腿与小腿，小腿与地面，都应当成直角。双膝双脚适度并拢。

这是最传统意义上的坐姿,适用于正规场合。

(2)双腿斜放式

双腿完全并拢,双脚向左或向右斜放,斜放后的腿部与地面约呈45度角。

> 服装导购服务礼仪禁忌
>
> ▲ 公共场合应力求避免从身体内发出各种异常的声音。咳嗽、打喷嚏、打哈欠应侧身掩面。
>
> ▲ 公共场合不可用手抓挠身体任何部位,如:抓耳挠腮、剔牙、修剪指甲、梳理头发、当众化妆等。
>
> ▲ 避免在店铺中坐着或蹲着,倚墙或靠墙而立。
>
> ▲ 参加正式活动前,不宜吃有刺激性气味的食物。
>
> ▲ 公共场合避免高声谈笑,大呼小叫。人多时更应低声细语,不打扰他人。
>
> 服装导购服务礼仪规范
>
> ▲ 不扎堆聊天,嬉笑打闹。
>
> ▲ 不能当着顾客的面评头品足。
>
> ▲ 不违反卖场纪律,在店铺中吃饭。
>
> ▲ 不吃零食,不看手机、杂志等。

(二)微笑服务

1. 微笑服务感情表达公式

微笑服务感情表达 = 语言声音(7%)+ 眼神交流(38%)+ 微笑表情(55%)。

2. 微笑的意义

(1)微笑是发自内心的需要。

(2)微笑是客户交流的需要。

(3)微笑是品牌效益的需要。

课中实训

实训一 服装导购服务礼仪标准训练

一、实训内容

标准站姿训练、女导购站姿训练、男导购站姿训练（图1-1）。学生先进行分组进行站姿、走姿、坐姿、行姿、蹲姿等仪态演练。

二、实训项目评价

1.语言、笑容、仪态符合导购服务礼仪标准，养成标准导购职业习惯，站姿、走姿、坐姿等仪态符合职业标准。

2.小组互评、教师点评。

图1-1 站姿训练

课后提升

> **案例**

西装的穿着规范

随着经济的发展和世界各国人民的友好交往，西装已成为当今国际上最标准的通用礼服，能在各种礼仪场合穿着。

西装具体的着装规范如下。

1. 西装套装

西装有单件上装和套装之分。正式场合必须穿着颜色素雅的套装，以深色、单色为宜。

2. 衬衫

与西装配套的衬衫须挺括、整洁、无褶皱，尤其是领口与袖口应保持洁净。衬衣袖子应以抬手时比西装衣袖长出 2 厘米左右为宜，领子应略高于西服领，下摆要塞进西裤。如不系领带，可不扣领口。

3. 领带

领带要与衬衫、西服和谐，应端正整洁，不歪不皱，其长度以到皮带扣处为宜。若内穿毛衣或背心等，领带必须置于毛衣或背心内，且西服下端不能露出领带头，颜色与其他服饰搭配得当，适合自己的身份与品牌的风格。

4. 纽扣

西装有单排扣和双排扣之分。双排扣西装，一般要求将扣子全部扣好；单排扣西装，若是三粒扣子的只系中间一粒，两粒扣子的只系上面的一粒，或者全部不扣。

5. 帕饰

西装的胸袋又称手帕兜，用来插装饰性手帕，也可空着。手帕须根据不同的场合折叠成各种形状，插于西装胸袋。

6. 西装的整理

西装要干净、平整，裤子要熨出裤线。

7.皮鞋

穿西装一定要穿皮鞋,且要上油擦亮,皮鞋的颜色要与西装相配套。穿皮鞋时还要配上合适的袜子,在西装与皮鞋之间起到一种过渡作用。

〖案例思考题〗

1.了解领带系法规范。

2.课后作业:分组练习领带系法。

思政小课堂

中国素有"礼仪之邦"之称,正所谓有礼仪之大谓之夏。中国礼仪以周为最,中国古代一般推行周礼。中国古代有五礼之说,祭祀之事为吉礼,冠婚之事为喜礼,宾客之事为宾礼,军旅之事为军礼,丧葬之事为凶礼。民俗界认为礼仪包括生、冠、婚、丧4种人生礼仪。礼仪可分为政治与生活两大类。政治类包括祭天、地、宗庙,祀先师、先王、圣贤,乡饮、相见礼、军礼等。生活类包括五祀、高禖之祀、傩仪、诞生礼、冠礼、饮食礼仪、馈赠礼仪等。

任务二　顾客接待礼仪

学习目标

★知识目标

1. 了解接待工作具体内容。
2. 掌握顾客接待礼仪。

★能力目标

1. 掌握店铺迎宾接待礼仪。
2. 掌握迎送致意的礼仪规范。

★素质目标

1. 养成诚实、守信、吃苦耐劳的品德。
2. 养成遵守店铺规章和行业标准的工作习惯。
3. 养成标准导购职业习惯，语言符合职业标准。
4. 具有善于合作的团队意识，能进行良好的团队合作。
5. 养成善于动脑，勤于思考，及时发现问题的学习习惯。

课前自学

一、介绍礼仪

（一）自我介绍

在不妨碍他人工作和交流的情况下进行自我介绍，内容应包括所在公司名称、职位、姓名等。

（二）介绍他人

介绍他人时应把职位较低者、晚辈、男士分别介绍给职位较高者、长辈、女士，介绍时手掌心向上，以手势引导。

（三）称呼

一般称呼男性为先生，称呼未婚女性为小姐，称已婚女性为女士。另外，还可以根据行政职务、技术职称、学位、职业来称呼。

（四）递交名片礼仪

名片应放在衬衣左侧口袋或西装的内侧口袋，不要将名片放在裤袋里。递交名片时双手拿着名片下端递出。接名片时应该双手接过，认真过目阅读，然后放入自己的名片夹中。

（五）电话礼仪

1. 电话铃声响起后应迅速接听，并首先自报品牌名称。
2. 接听后迅速给出答复或转给其他同事。
3. 适当记录通话细节。
4. 使用敬语。

〖案例思考题〗

1. 与陌生的顾客应如何打招呼？
2. 下列哪种做法是合适的？（　　　）

A. 目光直视对方说欢迎语

B. 不与对方视线接触说欢迎语

C. 以超常热情的方式接近对方说欢迎语

D. 微笑并说欢迎语

二、服装导购应具备的职业素质

（一）具备强烈的销售意识

强烈的销售意识体现了导购对工作、品牌、顾客和事业的热情、责任心、勤奋精神和忠诚度，利于导购发挥主观能动性，克服客观困难，能使导购发现或创造出更多的销售机会。

（二）具备妥善的沟通意识

服装导购在掌握产品知识、顾客心理、推销技巧及相关知识的同时，还应掌握沟通USP销售技巧，即"独特的销售主张"（Unique Selling Proposition），怎么讲，怎么做，语速快慢，声音高低等。

（三）具备完善的服务意识

完善的服务能吸引顾客、创造销售机会、完成销售业绩。首先要懂得尊重客户，其次是注重态度、沟通、眼神交流，最后要学会引起共鸣。导购要真诚地进行心和心的交流，要用热情去感染对方，引起顾客的共鸣。

（四）具备勤奋的学习意识

服装导购要不断提高自己，关注时尚、与时共进，向竞争品牌学习，向同事学习。主动学习了解流行信息、公司品牌文化、时尚搭配陈列知识、销售技巧与经验、其他知名品牌信息等。

（五）具备积极的态度

服装导购的热情和积极总能感染周围的人群或顾客，得到意想不到的收获。实际工作中发现，导购的千言万语，抵不过顾客的朋友或旁观者的只言片语。导购也需要和商场管理人员、其他的导购搞好关系。

服装导购的收入一般是由基础工资和绩效工资组成。服装导购只有通过勤奋好学、不断提高自身的推销水平、掌握产品的基本知识，再结合自己耳濡目染的推销经验，才能总结出一套独到的USP销售技巧，赢得利润，创造价值，积累财富。

课中实训

实训一：分组案例讨论

1. 讨论标准服装导购（男或女）应该怎样打招呼？
2. 简述接待工作的介绍礼仪。
（1）自我介绍的顺序。
（2）他人介绍的顺序。
（3）递送名片的礼仪。

实训二：接待拜访情景演练

> **案例**
>
> ### 一、实训内容
>
> 1. 情景简介
>
> 毛毛作为服装店长在公司订货会上遇到了客户，介绍销售经理与客户互相认识。介绍之后，大家握手，互赠名片。
>
> <u>注意：接过对方名片，不要随便放在口袋里或包里，应放入西服内口袋或者名片夹里，以表示尊重。</u>
>
> 参与的成员如下所示。
>
> 毛毛——公司店长。
>
> 张云——公司销售经理，毛毛的上司。
>
> 刘亮——客户方总经理。
>
> 杨莉莉——客户方秘书。
>
> 2. 情景演示
>
> 毛毛对张云分别介绍："张经理，这是我们公司的客户刘亮总经理，和他的秘书杨莉莉女士。"
>
> **主客双方握手礼**：每组设计动作。
>
> 张云："刘总您好！杨女士您好！"

刘亮:"张经理您好!"

杨莉莉:"张经理您好!"

双方互赠名片:每组设计动作。

刘亮双手送上名片:"这是我的名片,请多指教。"

张云接过名片说:"谢谢。"微笑阅读名片:"原来是刘总,久仰久仰。"双手送上自己的名片:"这是我的名片。"

刘亮接过名片说:"谢谢。"微笑阅读名片:"张经理,希望我们合作愉快!"

杨莉莉双手送上名片:"这是我的名片,请多指教!"

张云接过名片说:"谢谢!"微笑阅读名片:"杨女士,欢迎欢迎!"双手送上自己的名片:"这是我的名片。"

杨莉莉接过名片说:"谢谢!"微笑阅读名片:"张总,希望我们合作愉快!"

带领客户参观:每组设计动作。

二、实训要求

1. 四人一组,按照角色分工,运用本章节客户介绍礼仪、规范用语、语言、笑容、仪态步骤,围绕场景进行演练(图1-2)。

2. 能恰当运用各种礼仪,正确解决问题。

三、实训项目评价

1. 分组演练效果好,礼仪符合规范,握手礼标准,声音清晰响亮,保持微笑,沟通技巧表现力好。

2. 团队成员分工明确,合作良好,精神振奋,礼仪符合规范,语调自然、响亮,语言符合职业标准。

图1-2 接待拜访情景演练

课后提升

案例

服装导购在不同场景下良好的应对用语

1. 季节性问候语
- 早上好，今天真是好天气。
- 天气很冷吧，喝杯热水。
- 非常感谢您冒雨光临。

2. 表示感谢时
- 多蒙照顾，深深感谢！
- 感谢您又来一趟。
- 谢谢惠顾！

3. 对待顾客的回答时
- 是的，我也这样以为。
- 是，您说得对。
- 是的，您说得有道理。
- 是的，我理解您的心情。

4. 离开顾客时
- 抱歉，稍等，我把搭配手册给您拿来。

5. 受顾客催促时
- 抱歉，马上就好。

6. 向顾客询问时
- 对不起，请问您贵姓？
- 很抱歉，您能再说一下吗？

7. 拒绝顾客时
- 非常不巧。
- 真对不起。
- 很抱歉，真的没办法。

8. 麻烦顾客时

- 给您添麻烦了。
- 真感到抱歉啊!
- 是否请您再考虑一下?

9. 提到顾客已明白的事情时

- 您说得对。
- 就像您所说的那样。

10. 顾客问自己所不了解的事情时

- 请稍等,现在我请店长与您详谈。

〖案例思考题〗

你认为线上服装客服是否适用这些应对用语?

任务三　服装导购服务流程

学习目标

★知识目标
1. 了解服装导购具体工作内容。
2. 掌握服装导购八步骤及相关店铺服务规范。

★能力目标
1. 能按照服务规范要求实施导购服务流程。
2. 掌握服装导购八步骤。

★素质目标
1. 养成诚实、守信、吃苦耐劳的品德。
2. 养成遵守店铺规章和行业标准的工作习惯。
3. 养成标准导购职业习惯，语言符合职业标准。
4. 具有善于合作的团队意识，能进行良好的团队合作。
5. 养成善于动脑，勤于思考，及时发现问题的学习习惯。

课前自学

一、服装导购服务要求

服装导购在迎宾、接待、介绍、销售、欢送整个服务过程中使用导购标准礼仪、规范用语，语言笑容标准，仪态走姿符合职业要求；在收银刷卡扫码环节业务熟练，叠衣包装服务动作流畅，符合标准。

二、服装导购服务八步骤（图1-3）

图1-3 服装导购服务流程图

1. 第一步：打招呼

注意口头语言和身体语言要符合服装导购接待礼仪基本规范。

（1）语言要求

根据时间、日期及对象的不同有所变化，声音自然、语调柔和、吐字清晰。

（2）动作要求

顾客进店时说："欢迎光临。"

看到顾客时，微笑点头，用目光跟随，保持适当距离，不要跟随顾客，暂停手中事。

2. 第二步：购物信号

导购应留意顾客购物信号，主动上前服务。不要立即跟在顾客的身后，停止与其他人之间的谈话，及时发现购物信号进行服务。

问题引入：什么是购物信号？

顾客要求试用、翻看价标、触摸产品、询问货品质量、取下产品比画、目光注视商品、反复浏览、离开后折回询问、询问同伴并讨论等。

3. 第三步：开场白

导购要讲得多一点、知道得多一点、卖得多一点。

在这个环节，服装导购需要面带微笑、语言轻柔、介绍清晰、积极鼓励顾客试用，同时进行专业的产品FAB（FAB法则：F产品的特性；A特性引发的优点；B优点带来的好处）介绍，多描述产品给顾客带来的好处、流行信息及货品售卖情况等。当客人发出购物信号时，服装导购就可以开始开场白了。销售犹如一场短时间的即兴演讲，如果能够在起初的20秒内迅速引发顾客的好奇，获得顾客的好感，接下来的销售过程就会出奇地轻松愉快。

4. 第四步：试用服务

导购要熟悉产品，能迅速拿准顾客要求产品的款式、色彩、型号等；在顾客试用时，能够认真耐心说明使用功能，找准尺码，进行产品搭配推荐，鼓励顾客多试穿两三个款式，招呼顾客的朋友等。

使用以下方法进行推荐：优惠法、机会法、选择法、细节法、参谋法、请求法、惜时法、激将法等。

（1）优惠法：用赠品满足消费者划算的心态。

（2）机会法：说明该产品热销，剩下的产品不多，要抓住机会。

（3）选择法：推荐消费者已咨询过的几个型号中的一种（切记不能说"要不要买"，以免给消费者留下不买商品的机会）。

（4）细节法：同消费者展开假如已买下后的细节讨论，让其产生联想（切记在消费者流露出购买信号之后才行）。

（5）参谋法：站在消费者角度，推选合适款式，提出合理建议。

（6）请求法：直接请求开票、包装。

（7）惜时法：对不愿多花时间的消费者有效，强调活动、折扣的时效性。

（8）激将法：利用消费者的虚荣心、表现欲来促销的方法。

5. 第五步：聆听和辨认顾客的需求

服装导购要观察并听取顾客意见，结合顾客穿着效果做进一步搭配推荐，注意推销语句留有停顿,要多听顾客说,按照顾客要求进行配合并提出建议,注意避免给顾客强行推销的感觉。不管成功与否,都要进行二次推销。

6. 第六步:记录顾客档案

导购可鼓励顾客加微信、关注品牌或办理 VIP 卡,告知店铺活动和优惠,记住顾客特征和姓氏,用电脑或手机记录顾客档案。

7. 第七步:收银台服务

导购通过动作指引顾客至收银服务处,应熟悉电子支付软件的操作流程,交付收银票据,然后进行包装服务,介绍保养常识。

8. 第八步:欢送顾客

导购应对每位逗留一段时间或是试用过产品的顾客表示欢送,能记住老顾客的名字或姓氏,使顾客留下良好印象并再次光临。

课中实训

实训一:分组演练服装导购八步骤

一、训练内容

分小组实训服装导购八步骤(图 1-4)。

图 1-4 服装导购八步骤演练

二、训练程序

将小组成员分为两人一组,一人为服装导购,一人为顾客,运用本章节服装导购规范用语、标准仪态、服装导购八步骤,围绕场景进行演练沟通,认真体会导购工作具体实施内容,了解服装导购八步骤及相关店铺礼仪规范。

三、实训项目评价

1. 仪态仪容符合导购规范、着装规范,态度大方,有礼有节。
2. 能完整演练服装导购八步骤,掌握沟通技巧。
3. 分组演练效果好,沟通表现力好。
4. 团队成员分工明确,合作良好,精神振奋,礼仪符合规范,语言符合职业标准。

课后提升

案例一

不同类型顾客的接待策略

首先要了解不同类型服装针对的目标顾客的消费心理、消费特点、会做出怎样的购买行为,然后制定不同的接待策略。这样才能更好地把服装商品推销出去(图1-5)。

〖案例思考题〗

针对各基本类型的顾客应采用哪些沟通技巧?

顾客基本类型	基本特点	次要特点	其他特点	接待策略
好辩型	持异议	找碴	谨慎	对……但是
身上长刺	脾气不好	发火	挑衅性	避免争执
果断型	需求明确	确信选择	对他人意见不感兴趣	简洁，机智
疑虑型	不相信、犹豫	不愿受支配	慎重、考虑时间较长	强调品牌，体验商品
专业型	希望详尽介绍	差错警觉	查验商标	主动、诚实
敏感型	不自在、害羞	购买非惯常价位	对判断缺乏把握	友好，尊重
冲动型	很快购买	急躁	突然不买	迅速，避免时间过长，讲话不要太多
优柔寡断	左右不定	顾虑	要求决定是对的	要实事求是

图 1-5 不同类型顾客的接待策略

案例二 不同顾客的推销策略

根据不同类型的顾客应当采取不同的销售策略。

1. 要求型顾客

对于要求型顾客来说，他们的喜好很重要。他们注重身份，引领时尚，购买商品时，一般要挑最好、最新的，而且喜欢与了解他们需求，专业知识丰富的人打交道。所以，导购在向他们推销时，要眼睛正视顾客，身体稍微靠前，保持1~1.5米的距离；语气轻柔、口齿清楚；讲话时要自信、直接、节奏要快；专业知识强、介绍产品要实事求是。

2. 影响型顾客

影响型顾客具有追求时尚潮流、敢于尝试的特点。他们乐观、有说服力、鼓舞性，对人比较信任。导购在推荐时注意要面带微笑，离顾客稍近一点。保持微笑、语调亲和，并且言语间要显示出友好、热情、专业、有说服力；语调要有高低变化，语言轻柔。行动快捷，可以借用手势。交谈中注意聆听，让顾客多说一点。

3. 稳定型顾客

稳定型顾客具有耐心、随和的特点，具有逻辑性和条理性，讨厌变化，喜欢惯性消费，一般会成为品牌的忠实客户。导购在推荐时注意姿势要放松，身体靠后，不要紧跟着顾客；介绍商品时手势的幅度要小；语调温和、镇定、平静，音量要低，语速要慢，不要刻意推销。

4. 理智型顾客

理智型顾客的特点是精确的，有条理的，准确无误的。顾客天性认真，对着装有自己的想法，比较自信，按需购物，不喜欢导购跟着推销。导购在推荐时注意尽量不要靠顾客太近，适用微笑加眼神交流，少用或不用手势；站立时，身体的重心要放在脚后跟；语调要轻柔，讲话要直接而简洁，讲话的速度要慢；按照顾客的需要推荐产品，要让顾客自己做主。

〖案例思考题〗

针对以上类型的顾客应采用哪些沟通技巧？

项目二　服装商品卖点提炼与实训

学习目标

★知识目标

1. 了解服装商品特点，学会运用服装 FAB 法则提炼服装商品卖点。
2. 了解服装商品信息，掌握对不同体型特点顾客进行服装商品搭配推荐的技巧。

★能力目标

1. 会使用服装商品 FAB 法则提炼服装商品卖点，做好服装商品推荐，掌握导购基本技能。
2. 能熟练掌握服装搭配技巧，会对不同体型特点的顾客进行服装商品搭配推荐。

★素质目标

1. 养成诚实、守信、吃苦耐劳的品德。
2. 养成遵守店铺规章和行业标准的工作习惯。
3. 养成标准导购职业习惯，语言符合职业标准。
4. 具有善于合作的团队意识，能进行良好的团队合作。
5. 养成善于动脑，勤于思考，及时发现问题的学习习惯。

课前自学

问题引入：首先我们先了解服装的元素和类型，然后再进行服装卖点提炼的学习。

一、服装造型元素与卖点提炼

服装造型元素由点、线、面、体组成，其中所有要素都可以作为卖点推荐给顾客。

1. 点

如服装上的扣子、装饰、胸花、图案、刺绣等都可以是服装的卖点。

2. 线

线能使服装修饰人体。例如：服装面料的直线条、横线条、格纹等可以借助视错原理来修饰美化人体。

3. 面

在服装中主要指由分割线划分的局部块面，例如：高、中、低腰的款式有不同的修饰效果，各种形状面积不一样的领形设计、各种款式不同的袖子设计等都在服装中形成不同的面，可以作为服装的卖点。

4. 体

服装的外形组合构成体。例如：同一材料的不同肌理构成，常用的手法有打褶、镂空、拼缀、缉绣等，这些都可以作为服装的卖点。还有不同材料的搭配，如呢绒与皮革、丝绸与珠片、灯芯绒与针织罗纹布、裘皮与皮革搭配等，这些都可以强调为卖点。

二、服饰搭配元素与卖点提炼

色彩、款式设计、材料是构成服饰的三要素。其中色彩是影响人视觉效果的最重要的因素。俗话说，远看颜色近看花，顾客的眼睛只有被颜色所吸引，才能进一步去欣赏款式与材质做工。色彩也是吸引顾客可以强调的卖点之一。

不同的色彩喜好彰显顾客的性格、爱好、气质、肤色、格调等特点，能帮助顾客塑造个性的、完美的形象。

1. 以明度为主配色组合服装，提炼卖点

选择同一色相、不同明度的色彩相配，能显示出款式的特点和身体的线条。可以有高明度的配色、类似明度的配色、中明度的配色、对比明度的配色、低明度的配色五种服装色彩搭配方式。色彩的整体效果明快、清新、柔和、稳重、含蓄。例如：白色上衣配浅米色裙或裤、浅黄色上衣配棕黄色裙或裤、浅蓝色衬衣配深蓝色西服等。这类色彩搭配的特点是比较注重整体的和谐统一，比较适合职业女性，可彰显出稳重、成熟的个性。

搭配时，应注意配饰也与之呼应，如帽子、鞋子、袜子、首饰、丝巾、领带等，使全身搭配的整体效果醒目。

2. 以色相为主配色组合服装，提炼卖点

运用两个对比色组合搭配，一般来说，两个颜色的比例在 2∶8 或 3∶7 左右。

例如，红绿色小碎花衬衫配暗绿色一步裙；米色短上衣配暗紫色大摆裙。米色上衣的袖口、领口、门襟处镶有紫色滚边。上下呼应（卖点 1）；也可根据对比色配以少量的金、银饰品（卖点 2）。

3. 以纯度为主配色组合服装，提炼卖点

不少服装陈列搭配的颜色表现得或过分朴素，或过分华丽、年轻、热烈，这都是在颜色的处理上因纯度过强或过弱而产生的。色彩的纯度强弱是指在纯色中加入不等量的灰色，加入的灰色越多，色彩的纯度越低，加入的灰色越少，色彩的纯度越高，根据加入灰色的多少可分为高纯度色、中纯度色、低纯度色。

高纯度色给人有耀眼、华丽的感觉，如黄、红、绿、紫、蓝，适合于运动服装设计。中纯度色柔和、平稳，如土黄、橄榄绿、紫罗兰、橙红等，适合于职业女性服装。低纯度色涩滞而不活泼，运用在服装上显得朴素、沉静，这时选择高档面料搭配低纯度色会显得高雅、沉着。

课中实训

案例

根据顾客体型进行推荐

日常生活中，身材绝对优美、毫无缺憾的顾客几乎是没有的，可以说每个人的体型都或多或少存在着令人遗憾的缺点。在卖点介绍时，导购必须首先了解顾客的体型特点、个人风格和气质，通过发挥服装色彩推荐的最大优势，巧妙地运用服饰色彩扬长避短，对顾客的体型形态进行修饰。其次，在卖点介绍时，还要学习"理想形体"的相关知识。

要善于发现顾客体型的优点和气质，这样才能在卖点介绍时借助服饰色彩进行美的形象塑造，才能在推荐着装时和最终着装效果上收到良好效果。

1．"X"型体型

这种体型俗称"沙漏型"，又叫匀称的体型。尤其对女性来说，这是经典的、理想的、标准的体型。匀称是指身体各部分的长短、粗细合乎一定的比例，给人以协调、和谐的美感。由于匀称的体型是标准的体型，无论穿哪种款式、颜色的服饰都恰到好处。即使穿上最时新、最大胆的服装色彩也能显得不出格，在卖点介绍时，基本不挑款式。

2．"V"型体型

对于男性来说，这是最标准、最健美的体型，可轻易地显示男士潇洒、健美的风度。

然而，"V"型体型对于女性来说，并不是一个优美的体型。这种肩部宽、胸部过于丰满，会显得人矮一些；臀部与大腿偏瘦，使上身有一种沉重感。所以大多数这种类型的女性都不太满意自己的这种形象，总希望通过着装来改变现状，使自己显得高一些，轻盈一些。为此，在卖点介绍时，上衣最好推荐暗灰色调或冷色调，使上身在视觉上显得小些，也可以利用饰物色彩来强调、表现腰、臀和腿，避免视线集中到上部。上衣不宜选择艳色、暖色或亮色，也不宜选择前胸部有绣花、贴袋等色彩装饰的款式。

3．"A"型体型

这种体型俗称"梨子型"。一般是胸部较小，窄肩，腰部较细，有的腹部突出，臀部过于丰满，大腿粗壮，下身重量相对集中，这样在整体上看下部显得沉重。这种体型因其重量大部分集中于臀部和大腿，在卖点介绍时，原则与"V"型体型的人大致相反。可推荐细节多、色彩强烈的款式，将人们的视线引向腰以上的部位，因为上身和腰肢是这类体型较为纤细之处，值得强调和突出。下身可选择线条柔和、质地厚薄均匀、色彩纯实偏深的长裙，上下身服饰色彩反差不宜过小，可搭配一条窄皮带，避免视线下引，形成视觉上体型匀称之效果，或者用较暗、单一色调下裙（如深蓝色裙子），配以色彩明亮、鲜艳的有膨胀感的上衣（如浅粉色上衣），达到收缩臀部而扩大上身的视觉效果，再加上领线处可挂大饰物以转移视线，就会显得体型优美丰满。

4. "H"型体型

这种体型整体上缺少"三围"的曲线变化。在推荐着装时，不宜推荐在腰线处使用跳跃、强烈的色彩的款式，可以通过对颈部、臀部和腿部添加色彩细节来转移对腰线的注意。同时，也可采用色彩对比较强的直向条纹连衣裙，再加一根深色宽皮带，通过对比强烈的直向线条造成的视觉差与深色的宽皮带造成的凝聚感，来消除没有腰身的感觉，从而给人以洒脱轻盈之感。在"H"型体型的人中，肥胖型的人胸围、腰围、臀围等横向宽度都较大，因而服饰长度也必须相应地增加。细长的服饰线条能修饰体态，给人以丰满、成熟、洒脱的印象。

5. 较胖体型

在卖点介绍时，这种体型不宜推荐穿着色彩太艳丽或有大面积花纹、横纹的服饰，这样会导致体型横宽的错觉。肥胖体型的人适宜穿用深色、冷色小花纹或直线纹的服饰以显清瘦一些。色彩上忌上身色深下身色浅，这样会增加人体的不稳定感。冬天不宜穿浅色外衣；夏天不宜穿暖色、艳色或浅色的下装。款式上忌繁复，要力求简洁明了。面料上切勿过厚或过薄，易暴露体型。

6. 瘦高体型

在卖点介绍时，针对这种体型宜推荐浅色、横条纹或有大方格、圆圈图案的服饰，以视错觉来增加体型的横宽感。同时可选用红、橙、黄等暖色的服饰，使之看上去更丰满、更匀称一些。不宜选择单一冷色、暗色的服饰。

7. 矮小体型

在卖点介绍时，针对体型矮小的人尽量少推荐色彩灰暗或纯黑色的服饰，避免在视觉上造成缩小感。宜推荐色彩鲜艳、有大面积图案、长条纹服饰。针对体型矮小的顾客，在卖点介绍时要掌握两个基本要领，一是服饰色调建议推荐柔和浅色系，二是要搭配属同一色系的相近色彩。

此外，个子较矮的人若配上高亮度的鞋、帽，会适得其反。这是因为会产生两端扩大、中间收缩的视错觉。

8. 高大体型

这一类指的是高度与宽度都超过标准体型的人。在卖点介绍时，这种体型不宜推荐颜色浅且鲜艳的服饰，而且最好免去大花格布料，而代之以小花隐纹面料，避免造成扩张感，使形体在视觉上显得更大。

9. 上身较瘦小体型

此种体态，在卖点介绍时，应推荐质地轻薄、飘垂和宽松的上衣，色调宜淡不宜深、宜暖不宜冷，也不宜穿紧身衣。上装若用色调鲜艳、轻松的图案来装饰，可使上身显得丰满些。

10. 胸部较丰满体型

在卖点介绍时，宜推荐宽松式上装和深色、冷色、单一色彩，而且上装款式不宜繁复。

11. 肩部较宽体型

肩部较宽有时也是造成着装形象不理想的原因之一，为此，在卖点介绍时，可推荐深色、冷色、单一色彩，以使肩部显得窄些。不宜推荐加垫肩和使用横条面料的服饰。

12. 腰围较粗体型

如果腰部曲线不明显，可选择能修饰腰围的服饰，导购在卖点介绍时，宜推荐深色、冷色且质地较硬的服饰，在腰部不要有腰线和分割设计，不宜加腰带，款式设计以流线型、直筒型、T型设计为佳，可使顾客看起来身材优美一些。

13. 下身较瘦体型

在卖点介绍时，除不宜推荐暴露体型的紧身裙或裤外，更不宜推荐深色面料的服饰，宜推荐色彩素浅、式样宽松的长裤或褶裙，这样可使下身较丰满一些。

14. 下身较丰满体型

在卖点介绍时，尽量不要推荐颜色强烈、鲜艳或暖色的服饰。服饰用色太纯、太暖、太亮易有面积扩张感。也不宜穿上深下浅的服饰，不宜穿色彩过浅、过亮的裙子、裤子，下身最好推荐深色、冷色和简单的款式，这样能减少对臂、腿部的注意。

全身服饰色彩应力求统一、协调。

实训一　情景模拟：卖点提炼

一、实训内容

分组根据以上案例中各种女顾客体态进行服装搭配推荐。

二、实训要求

1. 学生两人一组，分别扮演顾客和导购；
2. 为不同体态顾客搭配一套适合的服装；
3. 对服装进行卖点提炼和推荐；
4. 进行小组互评、教师点评，对每组表现进行评价（图2-1）。

图2-1　卖点提炼情景演练

三、实训项目评价

分组演练服装搭配效果好，销售技巧运用得当，卖点风格提炼准确。

课后提升

案例一

服装吊牌主要内容

1. 制造者的名称和地址
2. 产品名称
3. 号型
4. 纤维成分和含量
5. 洗涤方法
6. 产品执行标准编号
7. 产品质量等级
8. 产品质量合格证
9. 价格

〖案例思考题〗

哪些内容须使用耐久性的标签，缝制在服装上？

案例二

服装导购 FAB 法则

1. 什么是 FAB 法则？

F（Feature）：产品的特性。

A（Advantage）：特性引发的优点。

B（Benefit）：优点带来的好处。

三者是一个递进的关系。

2. FAB 法则的应用

FAB 法则常应用于服装销售场合，运用得好很有说服力。每个产品都有很多特性，那么就要先找出它与众不同的闪光点。以最简单的夏天纯白色 T 恤为例，纯棉则是它的一个闪光点（图 2-2）。

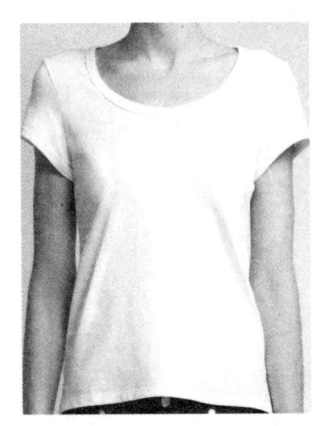

图 2-2　白色纯棉 T 恤

F：纯棉、圆领、短袖、基本款等就是产品的特性。

A：吸汗、透气、手感柔软、弹力好等就是其优点。

B：这些优点给顾客带来的好处就是穿着舒适、卫生、简约、百搭、有气质等。

〖案例思考题〗

FAB 法则适用于线上销售吗？

思政小课堂

中国古代的殷商时期开始有了文字，那时的文字绝大多数是象形字，甚至是图画。从甲骨文中我们可以见到衣、履、黄裳、带、袂等反映服饰着装的字样。从出土的人物形象中，还可看到玉佩、玉环、耳坠、项饰、笄、梳，以及丝绸、麻布和铜饰等精美的饰物和考究的衣物。

・下编・

服装销售服务技巧

项目一 服装导购服务技巧与实训

学习目标

★知识目标

1. 了解服装导购服务技巧的重要性。
2. 能描述服装导购的服务过程。
3. 了解顾客购物信号。
4. 能运用FAB法则销售产品。

★能力目标

1. 掌握服装导购服务技巧,会导购销售规范服务。
2. 会观察顾客购物信号、会推销方法。
3. 会指导顾客试衣。
4. 会附加销售。

★素质目标

1. 养成遵守店铺规章和行业标准的工作习惯。
2. 养成标准导购职业习惯,语言符合职业标准。
3. 具有善于合作的团队意识,能进行良好的团队合作。
4. 养成善于动脑,勤于思考,及时发现问题的学习习惯。

课前自学

问题引入：导购服务技巧有哪些？

一、服装导购服务技巧

（1）以清洁合宜的服饰仪容进入卖场。

（2）以勤快的动作清扫所负责的区域、整理货品。

（3）以明朗的笑容及诚挚的心问候顾客。

（4）以谦虚的态度将商品知识传达给顾客。

（5）以十分的耐心等待顾客挑选商品。

（6）以敏捷的动作完成结款及包装手续。

（7）以感谢的心与语言来欢送顾客出门。

（8）以诚实的心记录每日的销售资料。

二、服装导购销售技巧原则：尊重为本

（1）尊重客户。

（2）自尊自爱，爱护自己的形象。

（3）尊重自己的职业。

（4）尊重自己的公司。

任务一　服装导购日常管理

学习目标

★知识目标

1. 掌握准确录入每日销售数据及商品进出数据的技巧。
2. 了解商品在销售过程出现的问题，掌握进销存环节顺畅无误的方法。
3. 熟悉不同类型顾客的情况，定期访问、跟踪，提供资讯，维护顾客良好关系，提升顾客返客率。

★能力目标

1. 能做好店铺日常工作，会销售报表的数据录入。
2. 能根据实际模拟案例处理商品在销售中的问题。
3. 能及时把店铺信息通知客户，维护客户关系。

课前自学

一、服装导购培训

培训是企业回报率最高的投资。对于规模小的企业而言，由于薪资标准所限，一般情况下，企业很难招到"好手"，需要尽快把自己招来的新手变成熟手，因此培训显得尤为重要。

（一）服装导购招聘细则

1. 招聘内容、细则（应带证件）
2. 招聘人数
3. 招聘条件包括身体要求、技能要求、学识要求、性格要求、品质要求、心态要求等。

（二）人员需求申请表

1. 申请单位
2. 申请日期
3. 需求职务
4. 性别
5. 年龄
6. 内调及外招
7. 建议人选
8. 需求理由（离职、调动、业务扩展情况）
9. 详细说明

（三）人员配置计划

一般来说，卖场人员费用占卖场营业额的6%~50%

员工总数 = 总目标销售额 ÷ 每人销售额 × （1+ 工资提成率）

例如：200平方米的卖场配备3~4个员工比较合适。员工类型主要有固定员工、公司派来的促销员、促销时配货发货的部分小时工、临时工等。

（四）录用

1. 确定录用名单。
2. 签订劳动合同。写明试工期和用工期及其相应待遇，还要明确双方的责任、权利和义务。
3. 岗前培训。明确公司理念，熟悉各项规章制度，适应新环境，完成专业技能培训。
4. 试用与安置。
5. 试用期。验证新员工的体力、智力、知识、技能水平与岗位是否适应。

二、服装导购培训内容

（一）培训内容

1. 公司文化培训。主要是指规章制度、企业文化、企业概况、企业发展史相关内容的培训。

2. 工作规范培训。包括导购／客服工作规范、促销技巧、顾客消费心理、售场布置规范、客户关系维护方面的培训。

3. 位阶管理培训。主要是指向谁汇报，受谁领导等方面的培训。

4. 产品培训。为熟悉目前经营产品的属性、特点、产品功能、卖点、价格等而进行的培训。

5. 新员工入门培训。

6. 服装销售技能培训。

7. USP 技能培训。

8. 客户管理技能培训。

9. 客户拜访流程培训。

10. 顾客异议回答技巧培训。

（二）培训形式

1. 每月至少集中进行一次正规大型培训。

2. 每周集中进行一次小型培训。

3. 品牌督导或经理到店铺或线上巡回培训。

4. 导购／客服每月至少进行两次互相交流学习。

（三）培训方法

1. 宣讲

公司下发培训资料，对导购／营业员进行宣讲。

2. 模拟问答

由市场部组织，模拟顾客进行提问，导购／客服进行回答，市场推广人员现场评分，提升销售技巧。

3. 考试

市场部对所辖导购／客服进行有针对性的闭卷考试，然后针对考卷进行讲解。

（四）培训目的

1. 增加团队凝聚力

培训内容安排要由浅入深，对负责不同业务，具有不同经验、能力的服装导购要分别培训，让他们感到在这里工作可以不断获得提升，增个人有很大的发展空间，增加团队凝聚力。

2. 提升实战能力

服装销售技巧的培训，要增加实战内容。一定要分解到具体动作，结合现场实战演示。过分偏重理论水平的提高，尤其对文化基础有限的销售人员吸引力不大。

3. 营造学习总结的气氛

鼓励员工互相讨论、互相学习，贡献突出的员工可评为金牌导购或优秀客服，学习总结经验可被纳入"培训手册"，并予以奖励。

三、服装导购日常管理

（一）制订劳动纪律

迟到、早退、病事假扣罚比例等考勤制度；制定卖场纪律（公物损坏，卫生打扫、服装损失等）。

劳动纪律制订是企业制度化管理的第一步，虽不直接创造价值，但却能影响员工的工作风气和团队"战斗力"。

（二）设计合理薪酬制度

规定导购／客服岗位必须完成的业绩关键指标（铺货率、陈列、活跃顾客数、日常表现、销量等），以及如何通过这些指标计算奖金，促使导购／客服更自觉、更科学、更有方向性的销售。

（三）在薪酬制度中体现晋升机制

员工工作表现突出，可获得晋升，从而留住人才。例如：从导购／客服上升到金牌导购／客服，再上升为店长／主管等。

（四）建立早会制度

常开会，开短会、开及时的会。早会例行内容：宣布昨日各位销售人员的业绩，包括销量、销售额、连单率、成交顾客数等，营造销售人员之间你追我赶、互相比赛的气氛；店长／主管宣布昨天检查结果，提出奖罚。

早会有助于养成良好的精神状态，实际上是一个培训过程，让导购／客服对自己要做什么，自己必须达成哪些指标更加明确。

（五）建立信息反馈制度

1. 反馈内容

① 服装导购／客服对一线销售情况的数字统计

② 服装导购／客服在一线领悟到的好的建议和意见

③ 服装导购／客服的投诉

2. 反馈办法

①"报表制"日常管理：导购／客服要做"日报表""竞争对手每周市场动态表"等正规性日常工作。

② 制定《优秀建议和意见奖励制度》：鼓励导购／客服对整个营销环节的各个层面进行合理化提议。

③ 设立意见箱：将导购／客服的投诉进行认真对待和处理，及时进行公开反馈。

课中实训

实训一　情景模拟：早会

分组晨点到：欢迎光临 XX 店，我们的口号是……

一、实训要求

1. 分组

学生两人一组模拟早会,分别扮演店长和导购(图3-1)。

图 3-1 早会情景演练

2. 早会例行内容

(1)每人报告模拟:服装导购的销售业绩,包括销量、销售额、连单率、成交顾客数。

(2)店长宣读服装导购/客服的业绩,营造销售人员之间你追我赶、互相比赛的气氛。

(3)服装导购分享典型案例。

(4)店长/主管宣布昨天检查结果,提出奖罚。

3. 教师和学生对每组表现进行评价。

二、实训项目评价

团队成员分工明确,合作良好,精神振奋,礼仪符合规范。分组演练效果好,站姿标准,声音清晰响亮,保持眼神交流、微笑表情,语调自然、响亮,语言符合职业标准。

实训二　情景模拟：制作相关店铺表格

一、实训内容

根据实际场景，做好相关店铺表格（图3-2）。

工作任务单：日报表

地址：　　　　　卖场：　　　　　时间：　　年　　月　　日

合计									

图3-2　日报表样式图

二、实训项目评价

1. 按照要求准确录入报表，数据准确。
2. 找到畅销品（爆款）并分析总结出畅销理由。
3. 增加备货量与补货量，做专卖店周报表。
4. 根据日报表分析今日爆款和补货数量。
5. 根据周报表，估算本店月营业额、年销售额；制定该店月销任务量，数据准确。

课后提升

1. 点货

（1）核对商品无误

核对商品无误后，服装导购按照仓库摆放要求上架，将货单存档。

（2）核对商品有误

当核对商品有误后，流程如下。

导购报告至店长；店长在 48 小时内通知总仓；仓库立即更正库存；店长 3 日内在电脑上确认更正。

2. 退货

退货处理见图 3-3。

```
退货

            ┌─────────┐
            │  次品   │
            └─────────┘
               ↙    ↘
┌──────────────────┐   ┌──────────────┐
│1.店员：贴上标签；│   │1.仓次        │
│  写明原因        │   │2.厂次        │
│2.装箱、输入电脑  │   │3.退货时间    │
│  系统            │   │4.退货原因    │
│3.店铺登记表上写  │   └──────────────┘
│  清楚总账        │
└──────────────────┘
```

图 3-3　退货处理流程

3. 管理仓库

终端卖场仓库一般空间较小或分多个地点存放，服装导购须熟悉所售商品的库存状况和存放点，并需充分利用库存空间。

注意商品的保护工作，避免或减少商品的库存损失，对有问题的库存商品及时提出处理意见，避免问题商品"躲"在仓库中。

4. 存货

每个货架都要用标贴标上序号，同类商品应放在同一货区内。

同价格、同类型货品放同一货架上，依照不同品质，有层次、有顺序地堆放。

仓库清洁工作要做到"导购'五防'"和"顾客'五不'"。

导购"五防"是指防火、防虫、防潮、防盗、防腐。

顾客"五不"是指不损坏、不混放、不污染、不发霉、不变质。

5. 营业中失货处理及防范措施

（1）易失窃商品

① 视野范围小的柜台和服装导购较少的柜台。

② 商品种类较多的柜台或商品摆放杂乱的柜台。

③ 摆放不易发现的商品或不易看管的商品。

④ 顾客较多的柜台。

⑤ 离出口、通道较近的商品。

（2）防盗措施

① 利用摄像监视系统等现代科技手段，来监控店内空间。

② 导购应留意周围环境，经常整理货架。

③ 店内死角处应经常有人。

（3）偷窃应对方案

① 安装防盗设备。

② 合理分布店内人员。

③ 密切留意顾客动向。

④ 特别注意举止不善人士。

（4）处理方式

① 走上前有礼貌地询问顾客是否购买该商品。

② 提示该商品是促销品，是非卖品。

③ 暗示偷窃者注意到他的偷窃行为。

④ 向上级主管汇报。

⑤ 报警处理。

6. 店长的工作内容及工作重点

店长在每日营业前、营业中、营业后的工作内容及工作重点可以参考下面的流程。

（1）日常管理工作流程：营业前（图3-4）

店员报到	☆ 每天提前30分钟到店，进入店后根据商场要求依次打开电源，清点店铺货品，做好店员签到考勤记录，查看留言本上的昨日留言及营业状况，召开早会
早会	☆ 早会由店长主持，所有当班人员必须参加
整理	☆ 指导清理店内卫生，分区进行 ☆ 指导整理货品 ☆ 根据卫生标准检查
收银准备	☆ 店长检查收银员工作准备情况
开店仪式	☆ 根据规定，店长带领所有当班人员在店门口及相应位置早迎

图3-4　营业前工作流程

（2）日常管理工作流程：营业中（图3-5）

正式营业	☆ 巡视店铺，检查清洁工作（包括橱窗、模特装饰）查货品情况，及时补货出样 ☆ 注意整个店铺的氛围，导购是否及时接待顾客，是否有迎、送顾客的口语，口语是否标准，服务质量是否达标 ☆ 每隔一小时到收银处察看营业状况，对照目标进行分析，并及时提醒、鼓励店员 ☆ 注意店员的休息、工作状态，切勿同进同出，同时休息或频繁休息
空闲安排	☆ 比较空闲的时候，特别是上午估计一到两个小时没有什么生意，可请一位店员介绍货品的价格、特点、面料、科技等，让其温故而知新 ☆ 指导店员整理货品，清洁卫生，更换模特
交接班	☆ 交接班时要注意店铺货品安全，以防人多而丢失货品 ☆ 安排必要的人员时进行服务，切不可因为交班冷落顾客 ☆ 将上一班的情况交代给下一班人员 ☆ 交接班以迅速、准确、方便为准则

图3-5　营业中工作流程

（3）日常管理工作流程：营业后（图3-6）

通知	☆ 礼貌告知顾客打烊时间
报表统计及记录	☆ 包括日报表、周报表、月报表、店员考核表等各种表格 ☆ 填写交接班记录，以便下一班了解前一日情况
货品盘点	☆ 货品的清点和出样补充
清洁打烊	☆ 清洁店铺及安全检查
开店仪式	☆ 根据规定，店长带领所有当班人员在店门口及相应位置早迎

图3-6　营业后工作流程

（4）导购与店长的差异（图3-7）

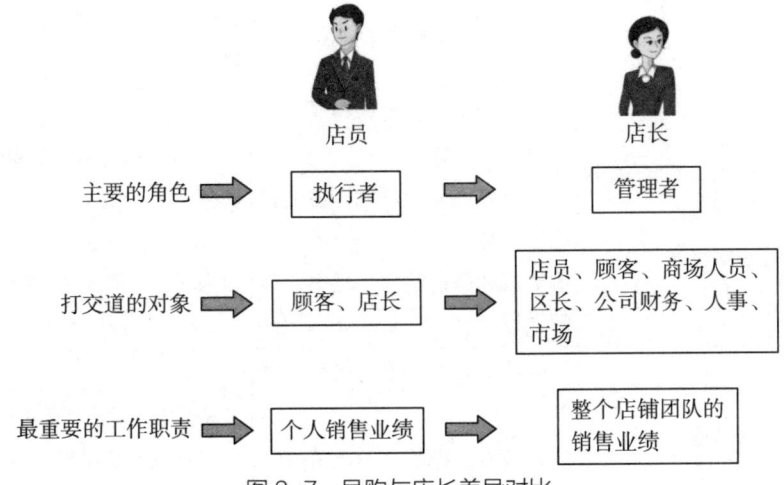

	店员	店长
主要的角色	执行者	管理者
打交道的对象	顾客、店长	店员、顾客、商场人员、区长、公司财务、人事、市场
最重要的工作职责	个人销售业绩	整个店铺团队的销售业绩

图3-7　导购与店长差异对比

7. 危机意外处理的方法（图3-8、图3-9）

事件	发生情况	处理方式	预防措施
火灾	◎电器走火、人为纵火、自燃（温度太高）、烟幕、易燃物起火	⊙勿惊慌，先用灭火器救火 ⊙火势太大尽速通知119 ⊙疏散客人至安全地点，避免引起恐慌	⊙随时巡视店铺，移开障碍物 ⊙商品、设施定时整理，避免掉落松动 ⊙注意店铺内顾客需求
抢劫	◎单人抢劫 ◎多人、集体抢劫	⊙与抢犯合作、防范抢劫暴力 ⊙保持冷静，尽量记住抢犯特征 ⊙安全后尽速报警及通知公司	⊙与警局（保全公司）建立联机系统 ⊙随时注意可疑的（人、事、物） ⊙做好现金管理，避免歹徒觊觎
窃盗	◎员工、顾客偷窃 ◎厂商偷窃 ◎窃贼侵入	⊙进内场处理，勿妨碍其人身自由 ⊙诚恳说明处理原则，若遭拒绝再报警 ⊙达成和解需签立悔过书、和解书	⊙店铺监视设备、商品防窃磁条 ⊙进退货流程管制 ⊙内场、仓库人员管制
骗取现金商品	◎骗取现金 ◎骗取商品 ◎伪钞购物	⊙确认遭骗后应实时回报上级处理 ⊙先结帐，再依公司规定提供送货服务 ⊙发现伪钞，请顾客更换其它钞票结帐	⊙离开柜台时应找同事代看 ⊙勿贪图高额业绩，避免因小失大 ⊙熟练伪钞辨识技巧

图3-8 危机情况处理办法

事件	发生情况	处理方式	预防措施
意外伤害	◎滑倒、摔倒、扭伤、烫伤、割伤、触电、商品掉落、尖角	⊙优先帮顾客处理并协助就医 ⊙向顾客道歉，说明公司之处理方式及负责之诚意	⊙随时巡视店铺，移开障碍物 ⊙商品、设施定时整理避免掉落松动 ⊙注意店铺内顾客需求
停水停电	◎临时性（有预警） ◎电力公司（修缮） ◎突发性-大楼系统	⊙关掉电源开关，打开备用照明电源 ⊙查询电力何时恢复并向上级回报 ⊙长时间停电，暂停营业，疏散客人	⊙随时注意相关讯息（媒体）及时间 ⊙熟记各相关部门、维修电话
信息外泄	◎询问营业资料 ◎假藉公家机关 ◎竞争同业调查	⊙趋前询问是否需要协助，吓阻其行为 ⊙查验证件并回报公司，请示如何处理 ⊙取得上级授权，勿提供任何资料	⊙未经上级营业主管同意，勿对外提供任何营业资料 ⊙严守公司营业机密不得外泄之规定

图 3-9 意外情况处理办法

思政小课堂

中国风，也叫中国风格，是建立在中国传统文化的基础上，蕴含着大量的中国元素的一种艺术形式和生活方式，并且适应了全球的流行趋势。祥云、水墨、凤纹、龙纹、梅兰竹菊、旗袍、步摇极具中国风特色的元素如今已被广泛运用到时装设计中，成为各大设计师和各大时尚品牌的重要设计灵感来源。

任务二　服装导购销售技巧

学习目标

★知识目标

1. 了解顾客反感的销售方法；掌握服装导购、客服销售技巧。
2. 掌握实际销售过程中的沟通问题、议价问题、售后问题的处理技巧。
3. 掌握线上销售中买家沟通问题技巧。
4. 掌握销售利润商品、促销商品、滞销商品、特价商品等的方法。

★能力目标

1. 会解决实际销售过程中的沟通问题。
2. 会解决实际销售过程中的议价问题。
3. 会解决实际销售过程中的售后问题。
4. 会解决线上销售中买家的沟通问题。
5. 能销售利润商品、促销商品、滞销商品、特价商品等。

★素质目标

1. 养成遵守店铺规章和行业标准的工作习惯。
2. 养成标准导购职业习惯，语言符合职业标准。
3. 具备服务客户，顾客至上的服务意识。
4. 养成善于动脑，勤于思考，及时发现问题的学习习惯。
5. 具有善于合作的团队意识，能进行良好的团队合作。

> **课前自学**

一、服装门店经营六要素

1. 人气旺
2. 产品适合
3. 交通方便
4. 促销得体
5. 价格无敌
6. 关系营销

二、服装导购职业修养

导购个人职业修养主要有以下五点内容。

1. 尊重上级是一种天职。
2. 尊重下级是一种美德。
3. 尊重顾客是一种常识。
4. 尊重同事是一种本分。
5. 尊重所有人是一种教养。

三、服装导购销售技巧

尊重他人的四原则主要注意以下四点内容。

1. 接受对方，不要难为对方，不要使对方难堪，顾客永远是对的。
2. 谈话中不要打断对方，不要轻易补充对方，不要随意更正对方。
3. 重视对方，欣赏对方，多看对方的优点，不当众指正缺点。
4. 赞美对方。

问题思考：作为销售终端的店长，你怎样培训销售技巧，管理顾客资源，增加门店销售额？

课中实训

实训一　情景模拟：销售礼仪与接待

一、实训内容

（一）针对第一次进店的新顾客（图 3-10）

1. 精神状态

愉快、轻松、微笑。

2. 站位

服装导购站位应分布合理，建议站在非主通道上，不要站在入口处，不能站在障碍物之后。

3. 动作

服装导购应当站好位置，不要相迎，与顾客原地招呼，相距 2 米以上。

4. 语言

首先可以表示"欢迎光临"，不可以直接询问，诸如："先生，你要买什么？我给你介绍下？"

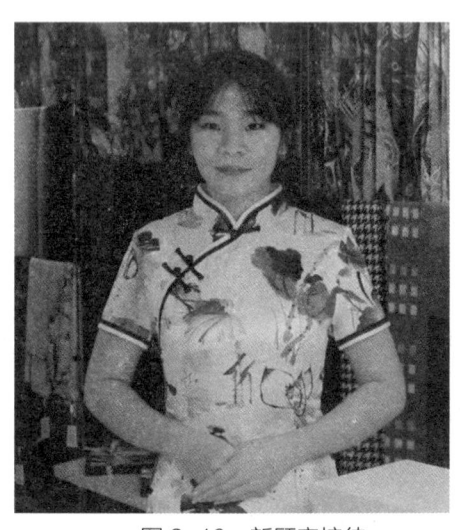

图 3-10　新顾客接待

（二）针对老顾客

1. 精神状态

高兴、轻松、微笑。

2. 动作

用眼神交流，敏捷地相迎，打招呼，根据情况送水和小糖果缓和气氛。

3. 语言

服装导购可以选择"欢迎光临，X女士，您今天有空呀？"一类的轻松语言。姿态不必过于拘谨。

二、实训要求

1. 学生两人一组，分别扮演顾客和服装导购（图3-11）。
2. 针对新老顾客演练不同的适合的迎宾技巧。
3. 教师和学生对每组表现进行评价。

三、实训项目评价

分组演练效果好，站姿标准，声音清晰响亮，保持眼神交流、微笑表情，语言轻松，动作敏捷，符合职业标准。

图 3-11　顾客接待演练

实训二　情景模拟：服装导购销售技巧

场景一　实体店解决沟通问题技巧

一、销售场景 1

顾客说：我先看看。

问题：导购应该怎样应对？

1. 错误应对

悄悄跟随顾客，见机推荐。

一直滔滔不绝推荐。

2. 导购策略

站在原来的位置上观察顾客，不要滔滔不绝推销，不要紧跟顾客。然后留意顾客购物信号，迅速上前服务。

3. 正确应对例句

好的，您随便看看吧，不过女士，我们今天有活动，您看模特上穿的这款卖得很好，颜色还有黄色和白色……（用动作指引顾客）

二、销售场景 2

顾客试穿后很合适，但最终没有购买。

问题：导购应该怎样应对？

1. 错误应对

衣服真的不错，您要不要考虑考虑？

您也试穿了，这款很合适！

好吧，那您回头再来吧！

2. 导购策略

找到原因，对症下药。尽量用折扣、优惠活动打动顾客，适度增压可提高业绩，引导顾客，给顾客面子，争取让顾客动心。

3. 正确应对例句

好的先生,这是 L 码的最后一件,下次来不一定有号了。

现在品牌做活动,优惠即将结束。而且今天有买二送一活动,买就送模特身上的真丝领带。

(用动作指引顾客)我带您去看看?

三、销售场景 3

顾客说:不想试穿。

问题:导购应该怎样应对?

1. 错误应对

喜欢的话,可以试下。

那您可以看看其他款?

2. 导购策略

找到顾客不肯试穿的原因,找到给顾客介绍的最佳时机,引导顾客试穿,无论是否购买,尽量争取顾客试穿。

3. 正确应对例句

女士,您眼光真好,这款是我们的"爆款",上身很漂亮,您穿这个码刚刚好。

顾客说出不想试穿的理由:天气太冷、太麻烦了等。

衣服好不好,上身试穿才知道效果呢,店里开着空调呢,试衣间很舒适,试衣间在这边我带您去。(用动作指引顾客)

四、销售场景 4

顾客问:特价商品质量有问题吧?

问题:导购应该怎样应对?

1. 错误应对

都是一样的货,怎么会呢?

一分价钱一分货。

您怎么会这样说呢?

2. 导购策略

认同顾客的顾虑，多用"是的，但是"话术，强调品牌的质量承诺，增加回头率。

3. 正确应对例句

是呀，我们有一些老顾客也有过类似顾虑，不过您放心，衣服以前全都是正价产品，平时没有折扣，您今天来得正巧，今天品牌搞活动特价促销，质量和做工是完全一样，而且现在买还很划算……

五、销售场景5

顾客说：你们当然都说自己家的东西好。

问题：导购应该怎样应对？

1. 错误应对

如果你这么说，我也没有办法。

沉默无语。

2. 导购策略

用"对，但是"来认同顾客，避免和顾客话题冲突，迂回解决问题，尽量建议顾客试穿体验。

3. 正确应对例句

您说得有道理，我理解您的想法，不过您放心，我们的东西好不好，光我说说不行，这件衣服您试一下就知道好不好啦。

六、销售场景6

顾客想给家人买件衣服，却说不能代家人做决定。

问题：导购应该怎样应对？

1. 错误应答

那好吧，明天把您爱人带来再说吧。

您今天买有折扣。

最后一件，不买就没有了。

2. 导购策略

打消顾客顾虑，引导顾客，把真实案例讲给顾客听，潜移默化中增加说服力，争取让顾客动心。

3. 正确应对例句

您真的很有眼光，这件连衣裙是我们的镇店之宝呢，我们经常有顾客买这件送爱人，送礼物都是要制造一份惊喜呢，如果她试穿衣服真的不合适，只要不影响再次销售，您寄回来或者到店调换都可以……

七、销售场景 7

顾客试穿很满意却被其他顾客随口否决。

问题：导购应该怎样应对？

1. 错误应对

您都试过了，挺好看的！

您不要听他的，要相信自己的眼光。

自己喜欢最重要。

2. 导购策略

尽量减少销售过程中的消极影响，影响者可能会成为成功销售的敌人，导购要避免争执，然后尽量打消顾客的顾虑。

3. 正确应对例句

对影响者：谢谢您的建议，其实每个人的眼光不一样的。（让店长或其他导购为其服务。）

对顾客：也许这件衣服和您的牛仔裤颜色不搭，但真的很适合您的气质，既精致又浪漫，搭配裙子也很好，比较适合正式场合上班穿。我给您再拿件裙子搭配在一起试穿一下？

当顾客被影响不想购买该商品时，要转移介绍其他产品。

八、销售场景 8

顾客说：你们这个品牌刚开的吧，东西有点少呀。

问题：导购应该怎样应对？

1. 错误应对

新货过两天就到了。

刚开业，东西确实少。

只是看着少，其实很多。

2. 导购策略

认同顾客的顾虑，不和顾客发生任何语言冲突，用"对，但是"强调品牌的卖点和优势，争取打动顾客。

3. 正确应对例句

是的，您说得有道理，我家的款式确实不多，但是我们是设计师品牌，每一件都是独一无二的，件件都是精品，都是公司新开发款式，非常能彰显个性，这几件卖得很好的，您看看……（用动作指引顾客）

九、销售场景9

顾客：M码只有这一件了？有没有新的？

问题：导购应该怎样应对？

1. 错误应对

只有这件了，要不您再看看其他款吧。

确实没货了。

2. 导购策略

认同顾客的顾虑，实事求是，处理掉危机，争取成功销售。

3. 正确应对例句

是的，真抱歉，这款只有最后一件了，不过您放心，裙子是全新的，我帮您检查下没有任何质量问题。您运气真好，如果晚来一步就卖完啦！我给您包起来吧？（请求法）

十、销售场景10

顾客说：衣服和我朋友买的一样。

问题：导购应该怎样应对？

1. 错误应对

其实这款更适合您！

撞衫谁怕谁？

那就买个别的颜色。

2. 导购策略

认同顾客，换位思考，灵活处理，然后尽量打消顾客的顾虑。

3. 正确应对例句

是的，和朋友撞衫的话见面是有点尴尬，这款红色长风衣是爆款，确实容易撞衫，不过我们还有系列款，我觉得颜色花型也一样适合您，您看这款驼色的短款风衣，是我们的海报同款，更适合您又美又飒的气质，还不会和您朋友撞衫，您可以试一下。

十一、销售场景11

顾客说：下次我再来看看吧。

问题：导购应该怎样应对？

1. 错误应对

这么喜欢就带走吧。

好吧，那您下次再来吧。

2. 导购策略

针对犹豫不决的顾客，要用信任与真诚打动他（她）；首先要询问顾客犹豫不决的原因，其次要用机会法打动顾客。

3. 正确应对例句

那好吧，只是我比较担心您下次来有没有货了，上次有个顾客看好一款，仅仅晚来一天结果就没号了，我们向总部调货也没有，害得她懊恼了很久，因此我建议您要是喜欢，今天就拿吧！

十二、销售场景12

顾客说：感觉你们设计都太大众化了。

问题：导购应该怎样应对？

1. 错误应对

我们很多老顾客还非常喜欢这种设计啊。

怎么会，我们产品很时尚的。

2. 导购策略

首先要赞同顾客，实事求是，巧妙转移话题，解决问题。

3. 正确应对例句

对，您说的有道理，我们主要是针对XX人群的，我们这一系列都是经典款，主打经典永流传嘛！经典款的衣服简约大气又百搭，也不挑人，谁穿谁好看，您说是吗？不过我们也有很挑人穿的设计师款，非常适合您时尚的气质，您来看看？

十三、销售场景13

顾客问：羊绒衫都会起球吧？

问题：导购应该怎样应对？

1. 错误应对

这个很正常啊，难免会出现这种问题……

您穿的时候稍微注意下应该不会的。

2. 导购策略

首先要认同顾客顾虑，要实事求是，要用信任与真诚打动他（她），最终解决问题。高档商品保养建议成交后再给说明。

3. 正确应对例句

先生您这个问题问得好，您说的这种情况服装行业也确实存在，不过您放心我们品牌所有羊绒产品都经过特殊工艺处理的，我卖了几年了一个投诉的都没有，您不必担心。

（顾客决定购买后）高档产品保养也是很重要的，先生，我把羊绒衫保养的注意事项再给您讲一遍，然后写在小票后面给您备注下，请您稍候。

十四、销售场景14

顾客说：我怎么从来没有听说过你们品牌呀？

问题：导购应该怎样应对？

1. 错误应对

是的，您怎么知道？

怎么会？您不了解吧。

是吗？我们在业内很有名的。

2. 导购策略

首先要承认事实，承认缺点与不足，巧妙地将话题重点转移到销售上。获得顾客的信任，与真诚打动他（她）最终解决问题。

3. 正确应对例句

您说得对，您真是对服装行业很了解啊！

其实我们公司在业内做的时间也不短了，之前都是开发外销市场，后来才决定进入国内市场，以后还请您多多捧场啊。

因为我们是新开发品牌，产品采用了最新的工艺和面料，我觉得有两个款式特别适合您的职业和气质（用动作指引顾客）。

十五、销售场景 15

顾客问：你们的丝巾和 XX 大品牌相比有差别吧？

问题：导购应该怎样应对？

1. 错误应对

我们比他们好。

他们只不过是广告比我们打得多而已。

2. 导购策略

首先要认同顾客，用自信的心态让顾客不要担心，其次弱化问题转移矛盾，顾客提出的问题往往是对销售不利的，导购要学会扬长避短，转移矛盾，不要贬低对手。任何一种品牌都会有不同的产品优势，导购应该引导顾客发现自己品牌的优势和亮点，赢得顾客信任，最后抓住时机介绍，最终提高成交率。

3. 正确应对例句

其实我们"XX 丝绸"和"XX 大品牌"丝巾都挺不错的，各有特色。我们品牌的特点是设计好，工艺新，性价比高，尤其是丝巾系列有很多著名设计师设计的花色，还有国画款，您试一下就知道了，颜色花型很有特色（引导顾客试戴）。

十六、销售场景 16

顾客说：这是去年的款吧，马上就不流行了。

问题：导购应该怎样应对？

1. 错误应对

不会的，这些款式今年还是很流行的。

新货明天就到了，您明天再来？

2. 导购策略

首先要承认事实，没有不好的商品，只有不会销售的导购，导购真正要做到的是寻找商品中的卖点，任何一种服装都会有不同的产品优势，导购应该引导顾客去对号入座，最终解决问题（图3-12）。

图 3-12　寻找商品卖点

3. 正确应对例句

您的眼光真准，一定是老顾客了。我做服装导购八年了，您希望听一下我的意见吗？其实现在买最划算了！您看，款式一点没有过时，工艺和质量和正价产品一样，我们自己商场员工都买了好几件，公司从来没有这么大的折扣，备货不多，现在不买太可惜了，我给您拿一件试下？（引导顾客试穿）

场景二　实体店解决议价问题技巧

一、销售场景1

顾客说：我看你们和XX品牌质量差不多，他家比你家的裤子便宜呢！

问题：导购应该怎样应对？

1. 错误应对

一分价格一分货。

我们裤子质量比他家的好多啦！

只是差几十块而已。

那您为什么不买他家的？

2. 导购策略

首先要认同顾客，顾客在提出相似品牌的价格比较问题时，考虑的并非几十元的差价，而是是否真的值得付出，有时候顾客宁愿多花钱买一件更贵和更显品位的衣服。所以导购要学会扬长避短。每个品牌都会有自己的优点，导购要能找出来并且要恰当地表述出来。

3. 正确应对例句

是的，我们在价格上确实略高于XX品牌，主要是因为我们的裤子版型设计好；穿上特别有型显身材，面料也特别舒适，大多数顾客在比较后选择我们的原因就是冲着这些优点来的。虽然价格上有一点差别，但是更多的顾客希望穿上裤子时尚和舒适，几年以后依然不落伍。女士，您上身试穿过就知道啦！

二、销售场景2

顾客说：我来你们店几次了，你再给我优惠点吧。

问题：导购应该怎样应对？

1. 错误应对

没办法，如果可以早就给你了。

我也是想卖啊，价格真的不能便宜。

女士，不好意思，会员价就是针对会员的。

2. 导购策略

据研究，回头客的购买率为70%的，顾客经常光临品牌有可能会发展为忠实客户，顾客都希望被认为是重要人物，导购应该用非常真诚、自信的语气与顾客交流，多讲服装的利益点，对讨价还价的顾客可以适当让步，给足顾客面子，满足客户心理，坚守后适时找个台阶以达成交易，例如送赠品等，最终提高成交率。

3. 正确应对例句

其实我真希望卖给您，您都来了几次啦！其实买衣服最重要的是适合自己，如果衣服当时买得便宜但不适合，买了不穿反而是浪费。您选的这套衣服时尚显气质，而且版型好做工精良，喜欢的衣服买回去穿的时间会更长，这样一算性价比很高，您说是吧？这样吧，折扣上我确实满足不了您，您来了这么多次，也是真喜欢这件衣服，今天买的话我送您个小礼物吧！

三、销售场景3

顾客说：新品价格太贵，还是等下个月搞活动再买。

问题：导购应该怎样应对？

1. 错误应对

还不知道什么时候搞活动呢！

有活动时号码不全，可能没您穿的啦！

2. 导购策略

过季打折服装容易出现断码、号码不全现象，而且穿着时间也较短，导购可以告知顾客，推动顾客马上购买；如果顾客还是想等搞活动再买，导购可以留下顾客微信、电话等联系方式及时通知客户购买。

3. 正确应对例句

刚上新价格确实没有折扣，但是女士，这件衣服款式经典、百搭，质量又好，可以穿几年不过时，女人要爱自己，现在穿引领时尚和潮流呢！

（如果顾客说还是想等搞活动再买）好的，女士。方便加下您微信吗？到时候有活动我第一时间通知您。不过这款这么好看，就怕到时候没有您的号码了，您要不要再考虑下，今天带走它呢？

四、销售场景 4

顾客说：这件太贵了！

问题：导购应该怎样应对？

1. 错误应对

其实这件还不算贵。

一份价格一分货。

有特价品，您看下吧。

2. 导购策略

顾客提出"太贵了"是最常见的情景，俗话说："漫天要价，就地还钱。"顾客买衣服都有一个心理价位，直接拒绝会让顾客很难堪，关键在于及时地转移话题。不要在价格上进行纠缠，要给顾客面子。当再次推荐商品被拒绝时，要及时转变方向，介绍性价比较高的商品。

3. 正确应对例句

顾客：算了，我网上刚买了件礼服了，这件太贵了，我再想想。

导购：好的，其实您真是蛮有眼光的，选中的这款礼服设计非常别致，我们正在周年大酬宾，这么好的商品，现在只要 8 折呢！

顾客：还是太贵了，超出我的预算了。

导购：其实有一款跟这款很类似，也很适合您，今天刚好特价 5 折优惠，性价比很高，来这边，我帮您拿个 M 码试下？

五、销售场景 5

顾客说：我买了几次了，怎么从来没有优惠呢？

问题：导购应该怎样应对？

1. 错误应对

我们公司从来无折扣，不参与商场活动。

我们新老顾客都一样不打折。

公司统一价，如果能低早就给你啦！

2. 导购策略

忠实客户是品牌最宝贵的资源，意味着对于品牌有一定认知度和好感度，他（她）才会回头继续购买，服装导购要表现出真诚与热情的态度，对于良好的品牌口碑的建立起着至关重要的作用。

3. 正确应对例句

非常感谢您的支持，真的非常抱歉，因为我们公司在定价上一直都很诚信，而这也正是许多像您一样的老顾客会信任我们的原因，我们的服装面料环保，设计个性，做工精良，物有所值，所以在价格上真的要请您多包涵了。不过我会立即将您的建议报告给公司，如果有老顾客的优惠方案出来，我会马上与您联系，您看这样好吗？

如果裙子您不喜欢的话，我想再便宜您也不会考虑，您说是不是？像您看上的这款长裙就非常适合您……（转移话题焦点，介绍商品）

六、销售场景6

顾客说：网店的衣服比实体店的便宜。

问题：导购应该怎样应对？

1. 错误应对

不会的！网店是仿品吧？

不会的，我们全网统一定价！

2. 导购策略

服装导购与顾客的沟通过程中，在推辞语言和行为上要注意把握一条重要而基本的原则，这条原则是一定要让顾客体会到有一种被尊重的感觉。导购多使用"对，但是"语句，找到突破点，打消顾客的顾虑。

3. 正确应对例句

女士，您的顾虑有道理，但是我干服装很多年了，卖过几千件衣服了，知道看似同样的衣服，其实质量是千差万别的。不同的织法，不同的五金，不同的工艺都会影响衣服的品质。

现在很多服装厂都是两条生产线，一条是供给实体店的，一条是供给网店的，款式、面料是有区别的。而且您在我们店还可以进行试衣搭配，有非常直观的感觉，网店多是平面图片，有些还经过美化和滤镜的，您买到手之后有可能不是很满意，还要经过退换货处理，也是浪费了您许多的时间成本，现在时间也是金钱不是吗？

七、销售场景7

顾客说：我买了这么多件衣服，模特搭配的围巾很好看，能送我吗？

问题：导购应该怎样应对？

1. 错误应对

买衣服已经给您打折了呀！

不好意思，那个是展示品。

要能送早就送了。

2. 导购策略

服装导购与顾客的沟通过程，是顾客进行品牌体验的关键环节，也是消费者情感体验的一部分。导购要尊重顾客，拒绝有策略，不要让顾客哑口无言，要让顾客感觉舒服、有面子。

3. 正确应对例句

您眼光真好，搭配起来确实很好看，其实很多顾客都喜欢那个围巾，所以我们正在跟公司建议，批量生产，把它变成商品销售。

可以加您个微信吗？等围巾到货，我一定第一时间通知您。

您今天买了这么多，虽然不能送围巾，但是可以送您个限量版手提袋（请求法）。来，收银台这边请。

八、销售场景8

顾客不愿意注册会员卡。

问题：导购应该怎样应对？

1. 错误应对

会员卡可以享受优惠呀！

办卡生日有折扣。

不会透露您的信息的。

可以享受折上折。

2. 导购策略

许多品牌都借助"会员卡"来实行会员制管理，通过这种方式可以捆绑客户，培养更多的忠实粉丝，引导客户长期到店消费，留住顾客信息，是品牌客户管理的关键元素。如果顾客与品牌没有搭建起信任关系，顾客消费大多都缺乏主动性，因此，导购需要主动引导顾客注册会员。比如顾客扫码付款时，如果满足注册会员的条件就可以直接注册会员，还可以在店内张贴注册会员的相关规则和优惠权益来吸引顾客的眼球，导购可以直接简明询问原因，强调办理 VIP 卡给顾客带来的好处。

3. 正确应对例句

导购：不好意思，请问您为什么不想办我们的会员卡呢？

顾客：太麻烦了，不想填写个人资料。

导购：是这样啊，我们的 VIP 贵宾可以享受 8 折优惠，我们自己品牌导购有时一个月只能享受一次这样的待遇呢。其实现在扫一下微信就可以直接注册会员，不用您填写资料，办理简单，很方便，您下次来买衣服扫码付款时就直接打 8 折啦（图 3-13）！

图 3-13　办理会员卡

场景三　实体店解决售后问题技巧

一、销售场景 1

顾客说：衣服不喜欢，要退货。

问题：导购应该怎样应对？

1. 错误回答：

您退的原因是什么？

刚买就要退呀？

我们只换不退。

2. 导购策略

退换货是品牌的基本售后保障，除特殊产品，都要遵循七天无理由退货原则，服装导购要尊重顾客、不为难顾客。顾客对于品牌有一定认知度和好感度，才会回头继续购买，导购要表现出真诚与热情的态度，尽量争取以换带退，争取让顾客再次购买。

3. 正确应对例句

顾客：我前几天前来你们店买了一条连衣裙，没有穿过，今天想拿来退掉。

导购：好的女士，我看下（吊牌未动），是尺码哪里不合适吗，还是有什么别的原因？

顾客：尺码标准，但是我朋友觉得这个不适合我。

导购：那太可惜啦，裙子是本季新品，这条连衣裙我们店都卖断货了，当时记得特地给您调的货，您本来就身材好，俗话说人靠衣装，这件衣服不仅显身材，还更加凸显您的气质！

顾客：裙子确实很好看，就是不太适合我。

导购：好的，女士，那我给您退掉吧。我们店今天刚好有上新，我觉得新到的一款衬衫和您身上的裙子很搭，您穿上也可以发视频让朋友给您个参考，我给您拿个均码试试？

顾客：好，我看看。

二、销售场景2

顾客要求调换商品。

问题：导购应该怎样应对？

1. 错误回答

您又来换了！

这次检查好，下次不换了！

2. 导购策略

退换货是品牌的基本售后保障，除特殊产品，都要遵循七天无理由退换原则，服装导购要尊重顾客、不为难顾客。顾客到店的时间越长，次数越多，对品牌越信任，导购要表现出真诚与热情的态度。导购要遵循尊重、耐心原则，话术中应强调自身的责任、品牌的诚信，以获得顾客的信任。

3. 正确应对例句

女士，您放心吧，就像我们承诺的，七天无理由退换货，一直换到您满意为止。不过这款吊带衫卖得很好，原来有6个颜色，现在只剩3个颜色了，已经快卖断货了。希望这次您能确定好颜色，否则您下次再来换可能没货了哟！

三、销售场景3

商品有质量问题，顾客要求退货。

问题：导购应该怎样应对？

1. 错误回答

您怎么洗的？

怎么可能掉色呢？您洗的方法不对吧？

您这种情况太常见了。

2. 导购策略

导购应遵循三个原则：态度温和，积极解决；尽量带到后场处理；询问洗涤方法，辨别是否是质量问题。

在耐心倾听之后，可以进行如下回复。

"好的，我了解，相信我们，一定会处理好的。"

"真不好意思，发生这种情况。"

"是的，我能理解您的心情。"

"是的，我能体会您的感受。"

"好的，您稍等，我马上为您解决。"

"对不起。我的权限无法解决，我马上请示店长。"

3. 正确应对例句

女士，您辛苦了，先坐下来喝杯水吧！请问您毛衣掉色的情况怎么发生的？您是按小票上的保养方法洗的吗？是手洗还是机洗呢？

经过沟通后确实是商品质量问题的应对例句如下。

我立刻向公司汇报，您放心吧，我们一定会负责的，您稍等，我马上为您解决。

四、销售场景4

衣服有破损，顾客要求退货（顾客责任）。

问题：导购应该怎样应对？

1. 错误回答

这是您自己的责任，我们不能退。

买的时候没问题。

这不是产品质量问题。

这不是我们的问题。

2. 导购策略

导购应遵循三个原则：态度温和，积极解决；尽量带到后场处理；询问使用过程，辨别是否是质量问题（图3-14）。

在耐心倾听之后，可以进行如下回复。

"好的，我了解，相信我们，一定会处理好的。"

"真不好意思，发生这种情况。"

"是的，我能理解您的心情。"

"是的，我能体会您的感受。"

"好的，您稍等，我马上为您解决。"

"对不起。我的权限无法解决，我马上请示店长。"

3. 正确应对例句

经过沟通后确实是顾客责任的应对例句如下。

真不好意思，您是我们的老顾客，一定知道只要是质量问题我们一定会负责到底的,您说的问题确实是您在使用过程中没注意所致,对于您这样的非质量问题,确实很难处理。

真的很抱歉,不过我个人还是很乐意私下帮您解决,要不我帮您联系下公司售后,看是否能收费修补下?

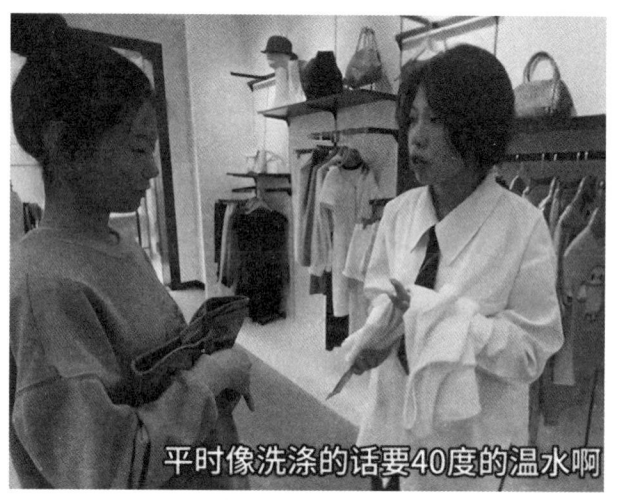

图 3-14　沟通使用情况

场景四　线上网店——解决买家沟通问题技巧

线上网店沟通包含议价、运费、发货、优惠券、催单等问题(图 3-15)。

场景	场景描述
关于议价	能不能便宜一点
	怎么涨价了
运费问题	是否包邮
	指定快递是否需要补差价
快递发货时间	现货发货时间
	预售发货时间
优惠券	店铺优惠券
	店铺入会
催单	进店未下单　催拍催付

图 3-15　线上网店沟通问题

一、销售场景：关于议价

1. 顾客说：能不能便宜一点儿？

正确应对例句

亲，看得出来您真的很喜欢这款商品，这边额外为您申请到 5 元优惠呢，您商品收到货确认无误后联系我们退返哈！（同时请求给好评）

2. 顾客问：有没有好评返现？

正确应对例句

亲，店铺是没有此类的活动，但是目前有晒图可得 3 元的活动（美图 3 张起），您看需要参与下吗？

3. 顾客问：怎么涨价了？

正确应对例句

亲，不同时期的活动力度不同哈，具体以页面为准，您可以多多关注咱们店铺首页，有活动早知道哦！

二、销售场景：运费问题

顾客问：是否包邮/指定快递是否需要补差价？

正确应对例句

亲，目前我们某某快递支持全国包邮，我们会根据您的地址匹配最佳的快递，由于 X 快递成本比较高，您需要单独发 X 快递么？

需要根据您的地址加邮费，补运费标准：

长三角地区陆运 9 元；

其他地区陆运 14 元；

西藏、新疆等偏远地区陆运 37 元。

（顾客需要指定快递）抱歉，暂时我们没有与其他快递合作，指定不了哦！

三、销售场景：快递发货时间

顾客问：快递发货时间是多久？

正确应对例句

您好，很高兴为您服务，现货 48 小时内发货，预售商品以预售页面快递发货时间为准哦！

四、销售场景：优惠券

顾客问：有没有优惠券？

正确应对例句

亲，单笔订单是只能使用一张店铺优惠券，不能叠加的。在满足优惠券使用门槛的条件下，系统会默认使用您领取的优惠力度较大的券哈！

五、销售场景：买家催单

顾客问：怎么还不发货？

正确应对例句

亲，这款商品卖得很火爆哦！喜欢请抓紧时间，我已整装待发，就差您表态啦！

风里雨里我在等您！快来付款，让我去到您的身边吧！

亲爱的，看到您还未拍下宝贝哦，不知道您是对产品哪方面还有疑问或不清楚的地方吗？有任何问题随时联系我们在线客服为您解答哦！

六、销售场景：买家申请改地址

顾客申请改地址。

正确应对例句

（已发货）亲，物流途中无法保证拦截成功，需要您配合拒收后才能转到修改的地址，您确定要改的话麻烦以"文字形式"提供下收件人姓名、电话和详细地址哈！我来帮您修改！

（未发货）亲，您确定要改的话麻烦以"文字形式"提供下收件人姓名、电话和详细地址！我来帮您修改！

七、销售场景：买家申请保价

顾客申请保价。

正确应对例句

亲，商品支持 X 天保价哦，自包裹签收之日起开始计算，如有差价可联系客服登记核实退返（平台红包，跨店满减除外）。

八、销售场景：买家询问预售款

顾客问：预售款下单发货吗？

正确应对例句

亲，这款是预售 X 天的哦，X 天内有货我们这边会提前发出，最晚下单后第 X 天发出哦。

九、销售场景：买家要求送赠品

顾客问：现在下单有赠品吗？

正确应对例句

亲，今天下单购买商品，这边可以额外赠送您小礼品，赠品数量有限，送完就没有了。下单后一定要联系客服备注哦，不备注不送的哦！

十、销售场景：买家说不喜欢

顾客说：不喜欢了。

正确应对例句

① 不喜欢（未发货）

亲，这边看您订单发起了退款，目前仓库已经在抓紧打包啦。快的话今天就可以寄出呢，您是确定商品不要了吗？

② 不喜欢（已发货）

亲，请查看这边吊牌是否完整，麻烦您拍下商品整体图片及吊牌完整图，这边给您核实一下，这样售后同意申请会快一点的哦！商品寄回的时候麻烦将赠品一同寄回！感谢配合！

十一、销售场景：买家说不合适、有质量问题

顾客说不合适或者有质量问题。

正确应对例句

亲，商品您收到了是吗？有什么问题吗？麻烦您拍一下商品，然后描述一下问题，最后告诉我们您的诉求，客服看到后会及时为您处理的哦！

十二、销售场景：仓库错发、漏发

顾客说收到的货不是自己拍的商品。

正确应对例句

实在抱歉，您看收到的这款商品能接受的吗？如果能接受的话您留下这边给您申请 X 元作为补偿，如果您觉得不喜欢的话可以寄回来退换货哦（图3-16）！

图3-16　客服线上沟通

实训二　情景模拟：服装导购销售技巧

一、实训要求（图3-17）

1. 训练程序

将小组成员分为两人一组，一人为服装导购/客服，一人为顾客，运用本章节沟通技巧，围绕场景进行沟通演练。

2. 小组演练

根据场景一、二、三、四中的问题，应用销售技巧和身体语言正确应对，进行技巧演练。

二、实训项目评价

分组演练效果好，站姿标准，声音清晰响亮，保持眼神交流、微笑表情，语言轻松，动作敏捷，符合职业标准。

各种线上线下沟通问题、价格问题、售后问题等话术运用恰当，解决问题方法正确。

图3-17　沟通技巧演练

课后提升

导购，无论何时都要尊重顾客，要将商品和诚信一起"销售"出去。

作为服装导购或店长，在顾客进店到离开的全过程中，在销售的每一个环节中，包括迎宾、接近顾客（寻机）、开场、试穿、成交、连带销售、售后服务、处理卖场投诉等，每一步都要保持专业的态度。无论是目标顾客还是闲逛的顾客，无论是有钱的顾客还是看起来拮据的顾客，无论最终是否成交，我们在语言和行为上都要注意把握一条重要且基本的原则，就是一定要让顾客体会到被尊重的感觉。作为销售人员的最终目标是要把顾客引到两个地方：试衣间和收银台。

服装是一种时尚性和感性很强的商品，绝大多数顾客买衣物买的是一种感觉。俗话说：三流的导购卖产品、二流的导购卖价值、一流的导购卖感觉。俗话说"女为悦己者容""七分打扮，三分长相"，一些顾客的购物往往是冲动的、即兴的，若感觉好就马上买单，若感觉不好任你说得天花乱坠，就是无法成交。在和顾客的交流中，要学会采用以退为进、避实就虚的策略，在和客户交谈之中忌"闭嘴""油嘴""争嘴"，多多使用肯定认同技巧："对，您说的有道理""是的，确实像您说的那样"等，要掌握好说话的内容、把握好说话的分寸，这样才能更好、更有效地去同顾客沟通交流，提升销售业绩。

项目二　服装推销技巧与实训

任务一　赞美技巧

学习目标

★知识目标

1. 了解赞美在销售中的重要性，掌握如何通过赞美语言拉近顾客关系。
2. 掌握赞美方法，有针对性地为顾客提供超值服务。

★能力目标

1. 能巧妙赞美顾客，会常用赞美语言。
2. 能运用赞美技巧，最终达到拉近顾客关系，促进销售的作用。

★素质目标

1. 养成遵守店铺规章和行业标准的工作习惯。
2. 养成标准导购职业习惯，语言符合职业标准。
3. 具备服务客户，顾客至上的服务意识。
4. 养成善于动脑，勤于思考，及时发现问题的学习习惯。
5. 具有善于合作的团队意识，能进行良好的团队合作。

课前自学

问题引入：最好的推销语言是什么？

赞美加微笑。

赞美不等于谄媚，发自内心的真诚赞美才会让顾客接受。

一、赞美顾客语言

赞美一定要诚恳，表情要认真。要是自己都不相信，别人当然就更不相信了。要善于发现顾客的优点，能用朴实的语言，真挚的目光，确定的表情去夸奖，对方都会接受。至少对方会觉得你实在，不会拒你于千里之外。

二、赞美表达方法

惊叹式的同意：您的观点太对了！真是高见啊！

感慨式的共鸣：您真是一针见血，我们遇到的事就是这样。

疑问式的表扬：您怎么就能完成这么困难的事啊？真是太不容易了。

羡慕式的附和：我们要是能做到您的一半就已经很好了。

三、赞美技巧

其实每个人都渴望着别人的期待和赞美，要学会夸赞顾客，还要让夸赞起到最大的作用，这时就需要掌握以下五个技巧。

1. 有特点的夸赞

夸赞要因人而异。人的性格千差万别，年龄有大有小，因人而异，突出个性，有特点的夸赞比一般化的夸赞能收到更好的效果。

2. 详实具体

从具体的事件入手，善于发现别人的哪怕是微小的长处，不失时机地予以夸赞。用语越具体，说明你对他越了解、对他的长处越看重，越会让对方感到你的真挚、亲切和可信，你们之间的人际距离就会越来越近。

3. 情真意切

能引起对方好感的只能是那些基于事实、发自内心的夸赞。相反，如果没有根据、虚情假意地夸赞别人，不仅会让对方感到莫名其妙，更会觉得你油嘴滑舌、诡诈虚伪。

4. 合乎时宜

夸赞时应见机行事、适可而止，才能达到你最期望的效果。

5. 雪中送炭

需要夸赞的不仅仅是那些年轻漂亮的顾客，年龄大的顾客也需要被赞美。

四、赞美的具体方法

1. 努力发现顾客服装、仪容等的长处。
2. 只赞美事实，以自信的态度对顾客的长处赞美。
3. 不要使用引用的言语，用自己的言语自然地赞美。
4. 具体表述赞美，包括"何处？如何？何种程度"等。
5. 设法在说话的段落间，适时地加以赞美。
6. 由衷的赞美，为克服"害羞的情绪"要练习多种赞美的方法。
7. 在对话中加入赞美，比如在回答顾客问题或做商品说明时，对顾客加以赞美。

五、对外在的具体赞美

1. 穿着打扮：服饰、领带、手表、眼镜、鞋子等。
2. 五官：眼睛、鼻子、眉毛、嘴巴、牙齿、头发等。
3. 身体：身材、皮肤等。

六、对内在的抽象赞美

1. 气质
2. 学历
3. 经验
4. 气量、心胸
5. 兴趣爱好、特长
6. 处理问题的能力

赞美并不一定总用一些固定的词语，见人就说好。有时候，可以借助于身体语言，比如投以赞许的目光、做一个夸奖的手势、送一个友好的微笑都能收到很好的效果。

总之，夸赞的话能温暖人心，从而赢得别人的信任，建立良好的人际关系，成功也就指日可待。因此，我们要学会夸赞别人，无论对家人、朋友、同事，还是一些你不熟悉的人，请不要吝啬你的赞美之辞。

任务二　非销售话题

学习目标

★知识目标

1. 熟练应用非销售语言拉近顾客关系的方法。
2. 熟悉成功转换为销售话题的方法。

★能力目标

1. 能熟练应用各种非销售话题。
2. 掌握成功转换为销售话题的方法。

★素质目标

1. 养成遵守店铺规章和行业标准的工作习惯。
2. 养成标准导购职业习惯，语言符合职业标准。
3. 具备服务客户，顾客至上的服务意识。
4. 养成善于动脑，勤于思考，及时发现问题的学习习惯。
5. 具有善于合作的团队意识，能进行良好的团队合作。

课前自学

一、什么是非销售话题？

非销售话题即指与销售关系不大的话题。

二、为什么要聊非销售话题？

1. 为了缓和和顾客紧张的气氛

2. 为了增加和顾客的感情

3. 为销售做铺垫

三、非销售话题有哪些？

天气、娱乐、时尚、社会新闻、身体健康、朋友同伴、孩子、兴趣爱好等等都可以是非销售话题的来源。

四、非销售话题有哪些禁忌？

1. 在和客户交谈之中忌"闭嘴"。
2. 在和客户交谈之中忌"油嘴"。
3. 在和客户交谈之中忌"争嘴"。

五、哪些话题不能聊？

工作、情感、收入、个人隐私、负面信息等话题最好不要作为聊天的内容。

课中实训

实训一　互相赞美

一、小组实训内容

互相赞美，练习赞美技巧。

赞美五官

赞美身材

赞美气质

赞美性格

赞美同伴

赞美自己

实训二　情景模拟：非销售话题

一、实训要求

1. 训练程序

将小组成员分为两人一组，一人为服装导购，一人为顾客，运用本章节服装导购规范用语，语言、笑容、仪态步骤，围绕场景进行互相赞美。

2. 小组演练

练习应用非销售语言拉近顾客关系的方法；各种非销售技巧，运用恰当，解决问题正确（图4-1）。

二、实训项目评价

分组演练效果好，站姿标准，声音清晰响亮，保持眼神交流、微笑表情，沟通表现力好，赞美语言恰到好处，非销售话题轻松能巧妙转移到销售话题，符合职业标准。

图4-1　非销售话题练习

课后提升

一、非销售话题案例分析

非销售话题：时尚

案例一

导购：欢迎光临，好久不见了王女士，最近在忙什么呢？

顾客：好久不见，最近在外地出差呢，今天刚回来就光顾你们店里了。

导购：那真是我们店的荣幸呢。

导购：您这件衣服我好像在哪里见过，您穿上真有气质呢，这是哪个明星的同款吗？

顾客：是 XX 明星的同款，确实挺好看的。

导购：她最近演的两个剧都在播，热度好高的，您有关注吗？

顾客：有关注，我正在追。

导购：可惜更新得太慢了，都有点不够看呢。

顾客：是呀。

导购：她是我们品牌代言人，过两天要来店参加线下品牌活动。

顾客：是吗？那我到时候要来看看呢！

导购：好的，我到时候提前联系您。

导购：刚好我们店上新了一些新品，也是 XX 代言的，我带您去看看吧（手势指引）。

〖案例思考题〗

1. 试分析案例中非销售话题的优点和不足。

2. 试找出为销售做铺垫的例句。

非销售话题：爱好

案例二

导购：欢迎光临，董女士好久不见啦！

顾客：好久不见啊小张。

导购：看您戴着护腕，是不是喜欢去健身啊？

顾客：是啊，我刚从健身房过来呢！

导购：是二楼那个健身房吗？

顾客：对啊，我都在那儿健身一年多了。

导购：我之前也有去健过身，不过没有像您一样的毅力坚持下去。

顾客：我刚开始也有些坚持不住，慢慢来就好了，现在基本上天天去。

导购：怪不得见您体态轻盈，气质也越来越好了呢！

顾客：哈哈，真的吗？那我健身还是有点用的。

导购：那当然啦董女士，您这身材都能当我们店里的模特了呢！

顾客：健身房待久了，我还是喜欢去户外运动，就是怕晒黑。

导购：小麦肤色还是很健康的，就是别晒伤了，刚好我们店里最近上新了防晒衣您可以看一下。

顾客：好啊好啊。

〖案例思考题〗

1. 试分析案例中非销售话题的优点和不足。
2. 试找出为销售做铺垫的例句。

非销售话题：天气

案例三

导购：欢迎光临，刘女士！

顾客：是你呀，王店长。

导购：最近的天气越来越暖和了，气温也很合适呢！

顾客：是的，最近是一年中天气最好的一段时间了。

导购：确实呢，最近还挺适合和朋友们出去放风，在公园玩的，我看您朋友圈也去野餐了是吧?

顾客:对啊,我们上个周末和室友一起在校门口的公园野餐了,那里风景还挺不错的。

导购:大学真的是最自由自在的一段时光了,我也很想回到大学那段日子呢!

顾客:哈哈哈,确实还挺开心的。

导购:是的啊,那时候只需要操心学业的问题,其他什么也不用烦恼。

顾客:那确实是的,像我们快要毕业了,确实也有很多需要操心的问题呢,有很多考试、面试、作业什么的。

导购:是啊,到了毕业季就是挺多面试的。

顾客:最近面试很多,天气又热起来了,感觉都没有合适的正装了。

导购:果然来得早不如来得巧啊,我们店里今天上午刚刚到了一批新西服,我觉得还蛮适合面试这种场合的,我给您拿几件您可以挑一挑、选一选。

〖案例思考题〗

1.试分析案例中非销售话题的优点和不足。

2.试找出为销售做铺垫的例句。

案例四 非销售话题:娱乐

导购:张女士,好久不见,您的气质真的是越来越好了。

顾客:真的吗,谢谢啦!

导购:您今天的妆容可真好看,眼妆很时髦,最近XX明星走秀时也是这个妆容。

顾客:我怎么能和大明星比,我就是看这个妆容最近挺火,模仿了一下。

导购:您过谦了,这妆容真的很适合您。明星引领潮流,您是走在时尚前端。

顾客：谢谢，我化妆是为了晚上参加朋友的婚礼。

导购：那您出席婚礼的服装准备好了吗？

顾客：还没有，我也很头痛，我身材瘦小，穿衣服很难搭配。

导购：您要不看看我们店最新的几款小礼服，优雅又大气，还不会抢了新娘的风头。

〖案例思考题〗

1. 试分析案例中非销售话题的优点和不足。
2. 试找出为销售做铺垫的例句。

案例五

非销售话题：身体

导购：欢迎光临女士，好久不见了啊！

顾客：是啊，好久不见！

导购：您的气色真好，皮肤越来越白了，最近这么晒，看来您在防晒上很有研究。

顾客：对啊，最近可得好好防晒。

导购：看您新染的这个发色很适合您呢，是最近流行的亚麻灰棕，和您的气质很搭。

顾客：我很喜欢这个颜色。

导购：看您的心情很不错，在朋友圈看到您闺蜜要举行中式婚礼，您肯定很高兴吧！

顾客：是啊，我们都喜欢国潮、国风元素，喜欢中国传统文化。

导购：正好今天上新了一款旗袍式礼服，是青色的蚕丝面料，很衬您白皙的肤色，和您的新发色也很搭，您要不要考虑一下穿去出席婚礼呢？

〖案例思考题〗

1. 试分析案例中非销售话题的优点和不足。
2. 试找出为销售做铺垫的例句。

案例六　非销售话题：新闻

导购：欢迎光临！您今天有空啦？

顾客：赵店长，今天你上晚班呐？

导购：最近新闻全是和出游有关的，您有没有出去玩一玩啊？

顾客：没有，现在外面全是人，景点都挤满了游人。

导购：是呀，我看五一假期 XX 景区那边连续两天游客接待量突破 10 万人次呢！

顾客：对啊，这个新闻确实很火。XX 景区更不用说了！

导购："五一档"电影票房都 XX 多亿元了。

顾客：还是错开节假日出行高峰，周末休息的时候再出去玩一玩好了。

导购：我也同意，出去玩不仅要看美美的风景，穿的也要美美的！

顾客：你们上了新款吗？我来看看出游的服装。

导购：我们店刚刚上新了一款连衣裙，腰部的黑色设计非常显瘦，很多顾客买后都反馈说非常适合拍照呢，我给您拿个 M 码试试？

〖案例思考题〗

1. 试分析案例中非销售话题的优点和不足。
2. 试找出为销售做铺垫的例句。

案例七　非销售话题：朋友

导购：欢迎光临！您今天有空啦？

顾客：是呀，今天放假。

导购：今天怎么没和闺蜜一起来呀？

顾客：她今天有事情，没空过来逛街。

导购：怪不得啊，平时你们都是结伴逛街比较多。

顾客：对啊，最近她比较忙，周末我们约吃饭。

导购：真羡慕你们，你们小姐妹气质也很像，都很时尚！

顾客：谢谢，今天我要买一个生日礼物送给她。

导购：有您这样的闺蜜真幸运。您看看这个包包，特别适合你们的风格，我看到这个包包第一个就想到您了，非常适合送礼物。

〖案例思考题〗

1. 试分析案例中非销售话题的优点和不足。
2. 试找出为销售做铺垫的例句。
3. 非销售话题技巧适用于线上销售吗？

思政小课堂

党的二十大报告强调："广大青年要坚定不移听党话、跟党走，怀抱梦想又脚踏实地，敢想敢为又善作善成，立志做有理想、敢担当、能吃苦、肯奋斗的新时代好青年，让青春在全面建设社会主义现代化国家的火热实践中绽放绚丽之花。"

任务三　服装推销技巧

学习目标

★知识目标

1. 了解、掌握线上线下推销方法。
2. 掌握解决顾客问题、解除反对意见的方法。
3. 掌握服装 USP 销售技巧。

★能力目标

1. 能根据线上线下环境，会各种服装推销方法。
2. 能解决顾客问题、解除反对意见的方法。
3. 会服装 USP 销售技巧。

★素质目标

1. 养成遵守店铺规章和行业标准的工作习惯。
2. 养成标准导购职业习惯，语言符合职业标准。
3. 具备服务客户，顾客至上的服务意识。
4. 养成善于动脑，勤于思考，及时发现问题的学习习惯。
5. 具有善于合作的团队意识，能进行良好的团队合作。

课前自学

一、服装推销方法

服装销售可以采用以下方法进行推销。

1. 缓和气氛法

留心顾客的打扮、同伴或身边事物等，用非销售话题开始与顾客进行交谈，使其产生亲近感和信任感。

2. 转移重心法

突出产品卖点，熟记服装FAB，转移顾客的谈话重心，将内容转向我们想要强调的方向。

3. 引导试穿法

据调研显示，70%的成交开始于试穿环节，导购要先靠自己的专业知识和语言尽量引导顾客试穿，最终达到销售目的。

4. 比较法

当顾客因为价格太贵犹豫时，用价值做比较，突出商品物超所值。

例：这款是刚上架的新品，没折扣确实有点贵，其实，我们有一款和这款相似，刚好在做促销，价格只有它的一半，您试下？

5. 寻求认同法

不与顾客发生争执，在与顾客的沟通中，找出突破口引导顾客认同感的一种方法。

例：您穿过我们品牌的真丝裙吧？一看面料就很高端！您是老顾客啦，老顾客都知道一分价钱一分货。

6. 欲擒故纵法

为了把握住顾客，故意卖个关子，或装作不愿卖、不急着卖、不能卖的样子，让顾客坚定信心买下来的一种销售方法。

例：这个款式只有我们品牌有，独家设计，只此一款，不信您可以多看几家店呐。

7. 转移法

当顾客的要求和愿望不能满足时，换个话题，或换一个款式让她感觉她原来的选择是对的。

例：您的眼光真好，一眼就看上我们的精品，好多人都穿不出您这样的效果！要么您要这件吧，这个款式和精品相似，只不过真丝面料的织法不同，并且价格更便宜。

8. 对比法

通过多方面、多角度对比,让顾客自己感觉到买对了,买得值,对比分以下几个方面。

(1)不同品牌进行对比。

(2)同品牌的款式、颜色对比。

(3)价格进行对比。

(4)搭配进行对比。

(5)穿着效果进行对比。

(6)与其它顾客进行对比。

9. 激将法

反面刺激顾客的购买欲,从不同方面激起顾客购买兴趣的一种方法。

例:您这么潮流时尚、有品味、有眼光的人,不会要错过这次机会,等流行过去再买吧?

10. 夸张法

用略夸张于事实的方法,满足顾客求廉的心理,让顾客觉得自己的购买行为是正确的选择。

例如:这条裤子原价 2000 多元,现在这个价格跟白送您一样!

11. 服装搭配法

用专业搭配技巧,让顾客感觉服装时尚、和谐、紧跟潮流,进而进行购买的方法。

例:吊带配高腰阔腿长裤、长靴配短裤、紧身 T 恤配低腰牛仔裙等。

12. 售后承诺法

成交后将售后服务的承诺告知顾客,并向顾客保证做到,打消顾客顾虑,引导顾客再次光临。

例:衣服有任何不合适或不喜欢的地方,我们店七天无理由退换;丝绸产品难打理,需要低温手洗,我把洗涤方法发您。

13. 推心置腹法

把顾客当作挚友,为她着想,真心地付出行动。

例:您是老顾客啦,这么多年咱也是朋友啦,今天是公司全年活动力度最大的一次，全网最低价，建议您今天买最合算。

14. 设置悬念法

对于无购物顾客，不能让顾客失望而归，应设置悬念，吸引她下次来购物。

例：女士，明天会到店一批新款，欢迎您明天能再来光临。

15. 说服同伴法

和顾客同行的人多是亲朋好友，所以她们与顾客的审美观很相近，甚至有决定权。最重要的原则就是不能冷落顾客的同伴，尤其在顾客试衣时，要迅速与其同伴沟通，找到共鸣点，为销售打基础。

例：你们闺蜜关系真好呀，您眼光好，看看这件裙子是不是更适合她？

16. 综合法

把以上销售方法糅合在一起，应对顾客提出的种种问题，最后达到成功销售的目的。

二、附加销售法

商品售出后，服装导购还应该灵活应用推销方法，会察言观色，抓住时机，主动推销。

1. 主动询问顾客还需要什么，主动为其搭配，增加连单率。

例：您的白衬衫搭配这条微喇牛仔裤效果一定不错，要不要试一下？

或可介绍刚到的新款："您看这是刚到的连衣裙，要不要试一下？"

2. 主动推荐促销和库存商品，增加连单率。

例：我们的部分商品正在搞特价，昨天还是正价，今天打5折，现在买挺划算的。

三、USP 销售法

1. 什么是 USP

20世纪50年代初，美国人罗瑟·瑞夫斯（Rosser Reeves）提出 USP 理论，即"独特的销售主张"（Unique Selling Proposition）理论，又可称为创意理论。其特点是必须向顾客陈述产品的卖点，同时这个卖点必须是独特的、能够带来销量的。

导购/客服在熟练掌握产品知识、销售专业知识、社会知识的基础上，可通过运用USP理论和销售技巧，解决售前、售中、售后问题，成功销售。

女士内衣行业是一个非常大的市场，以ThirdLove品牌为例，新品牌要想进入市场，必须先找到一种方法来确保自己能够与传统品牌竞争。因此，ThirdLove品牌首先推出了广告语"我们拥有合适的服装"。为了进一步兑现承诺，他们还提供"购买前试用"的服务。该品牌的USP推销技巧是："我们拥有合适的服装"与"购买前试用"。

2. USP理论的特点

（1）必须包含特定的商品效用，对消费者提出一个说辞，给予消费者一个明确的利益承诺。

（2）必须是唯一的、独特的，是其他同类竞争产品不具有或没有宣传过的说辞。

（3）必须有利于促进销售，即这一说辞一定要强有力，也就是吸引新的顾客使用你的产品。

3. USP推销原则

在顾客进店到离开的全过程中，无论最终是否成交，我们在运用USP销售技巧时要注意把握一条重要而基本的原则，就是一定要让顾客体会到有一种被尊重的感觉，要把产品和信任带给顾客。

四、案例分析：排除顾客反对意见的成交法

服装销售中会面对不同类型的顾客，有的顾客对产品或服务已经认同，却希望获得更好交易条款，比如要求更低的价格、更多的售后服务与保障等，以下案例中，导购运用USP销售技巧，排除了顾客反对意见，解决问题。

1. 顾客：我要再考虑一下

服装导购运用USP销售技巧

先生，您说要考虑一下，一定是对这款风衣比较感兴趣。要么，我给您拿个M码试一下？

好吧，您说再考虑一下，一定是对这款风衣比较感兴趣，是我没有介绍清楚吗？引出顾客的真实想法：太贵、还有可参考的其他款等。

2. 顾客：太贵了

服装导购运用 USP 销售技巧

虽然有点小贵，但是这款很经典，您可以用很多年都不会过时。按 5 年计算，实际您每天花不到 2 元钱，就可拥有这款大师设计的限量版手工包！

说真的，这款刚上市确实有点贵，其实，我们有一款和这款相似，而且公司在做活动 6.5 折，我还是给您拿个蓝色试下？

3. 顾客：现在市场不太景气，我考虑下再说

服装导购运用 USP 销售技巧

您说的有道理，虽然市场不景气，但我们品牌绝对不会让不景气困扰我们。

许多很成功的人都在不景气的时候打下了他们成功的基础。我知道有个真理：当别人都卖出，成功者买进。今天，您也有相同的机会作出相同的决定：这款重工刺绣的真丝连衣裙非常适合您，它需要一个工人单独绣七天才能完成，而且全球限量也只有 100 件，非常有品位和价值，适合很多正式场合穿着，拥有它就是为您的美丽投资，要么我给您包起来？

4. 顾客：我再看看吧

服装导购运用 USP 销售技巧

这件连衣裙非常适合您，显得您又高贵、又典雅。假如您今天没有买，明天会同今天一样，不会有任何改变，如果您明天穿上新衣，自己犒赏一下自己，心情也会不一样呢！要么我给您包起来？您是刷卡还是现金？（运用请求法）

5. 顾客：能不能便宜点呢

服装导购运用 USP 销售技巧

女士，我们很少有机会花最少的钱买到最高品质的产品，有时候花钱也不能买到自己最满意的衣服。这件衣服非常适合您，衣服遇到您就是缘分，就像是给您量身定做的一样：它单穿很出色，又可以套在大衣里面，颜色也很百搭，非常值得您为它投资呢，您说对吗？要么我给您包起来？

6. 顾客：别的地方更便宜

服装导购运用 USP 销售技巧

您说得对，那可能是真的，毕竟大家都想以最少的钱买最高品质的商品。但是，一般我们买衣服：第一买品质，第二买价格，第三买产品的售后服务。但我从未发现哪家公司可以以最低的价格提供最高品质的产品，又提供最优的售后服务的。有时候多投资一点，来获得我们真正要的产品，这也是蛮值得的，您说对吗？要么我给您包起来？

7. 顾客：它真的值那么多钱吗

服装导购运用 USP 销售技巧

女士，拥有它（衣服、包）可以为您带来改变。例如您做了形象设计，因此提升了自己的自信，那您所付出的也就值得了。

穿一件漂亮的时装可以带给我们信心和快乐，如果它也能给我们带来机遇和幸运，我们会付出十倍的价格来拥有它，您说对吧？

〖思考题〗

1.USP 销售技巧适用于线上销售吗？

2.顾客的反对意见还有哪些话题，应遵循的原则是什么？

课中实训

实训一　模拟演练：USP 销售技巧

一、实训要求

个人实训各种销售技巧（图 4-2）

1. 能模拟不同顾客进行赞美技巧演练。

2. 正确运用 USP 销售技巧，语言规范全面，能解决顾客问题，成功销售。

3. 能根据销售情景，使用合适的 USP 销售技巧。

要求有非销售语言、有适当赞美、有 USP 销售金句。

图 4-2　演练 USP 销售技巧

实训二　模拟演练：电视购物销售技巧

一、实训要求

1. 分小组模拟演练——电视购物销售技巧（图 4-3）。
2. 撰写脚本，按照要求写出电视购物对话。

二、实训内容

介绍产品：运用 FAB 法则描述产品，赞美顾客。

销售技巧突出带给顾客的好处：买赠买送、限量限时、库存件数等。

根据情景设计对白，要求添加以下关键因素：联系方式、购买方式、售后服务（保修、三包）等。

图 4-3　演练电视购物销售技巧

课后提升

一、服装导购常用谈判技巧

服装销售中会面对不同类型的顾客，顾客会对产品或服务提出不同的要求，比如折扣、赠品、售后服务与保障等。因此导购需要掌握以下谈判技巧。

1. 谈判技巧要素

（1）要有感染力

通过你的举止来表现你的信心和决心。这能够提升你的可信度，让顾客有理由接受你的建议。例如建议犹豫不决的顾客试穿时，使用手势引领法：试衣间在这边。

（2）起点高

最初提出的价位要高一些，给自己留出回旋的余地。在经过让步之后，达到你的目标。建议针对杀价狠、希望价格更便宜的顾客。

（3）不要动摇

确定一个价位之后就要明确表示不会再让步。例如：这是最低折扣。

（4）权力有限

当必须敲定某项事项时，可以说你还需要得到上司的批准。例如：您稍等，我请示下店长。

（5）找到同盟

设法说服其中一个顾客接受你的建议，通过咨询他来帮助你说服其他人。例如：您朋友穿上这件裙子很显白，您看呢？

（6）暂停推荐

在一定的时间内中止推荐，当情况好转之后再回来重新谈判。这段时间可以让顾客再出去想一想。例如：您要么再试下另外一件风衣，对比一下。

（7）耐心和专业

利用耐心和专业谈判技巧，尽量多地延长顾客在店内的时间。

（8）适当让步

建议在两种立场中找到一个折中点，一般来说，最先提出这一建议的人，在让步过程中的损失最小。例如：虽然价格没法优惠，但是我可以赠送您件小礼品。

（9）使用请求法

在做出决定之前，可以将你的意图间接传达给顾客，使用请求法。例如：这件衣服我给您包起来吧？

2. 服装销售谈判注意事项

（1）谈判技巧不可以代替销售技巧

整个销售循环涉及顾客接触、需求挖掘、卖点提炼、谈判缔结和关系增进五个环节，每个环节都对是否成功销售起到关键的作用。每个环节都需要应用不同的销售技巧，当然也包括谈判技巧。更确切地说，谈判技巧只有销售成交阶段才发挥其作用。因此，导购不可以用谈判技巧代替销售技巧。

（2）注意谈判技巧使用的时机

在顾客对产品或服务还没有认同之前不要进入到讨价还价等谈判的环节。在销售中，顾客往往在导购挖掘其需求时就提出价格异议，但导购不要过早报价，因为顾客在对产品或服务没有了解时会仅仅根据价格对产品或服务进行判断。

（3）顾客的顾虑不可以使用谈判技巧解决

销售谈判是发生在顾客对产品或服务已经认同，却希望获得更好交易条款的前提下。比如说顾客要求更低的价格、更多的售后服务与保障等。而顾客的顾虑不可以通过谈判来化解，只有通过熟练的销售技巧才可以打消顾客的顾虑。因此，在顾客产生顾虑的情况下，导购是不可以通过降价或其他让步等谈判手段化解顾客的顾虑。

（4）销售谈判时需要使用其他销售技巧

导购在进行销售谈判时可综合使用其他销售技巧，如 USP 销售技巧、积极倾听技巧、复述技巧等。

俗话说："顾客是上帝"，这是由市场供求关系与竞争现状决定的。因此，导购如何让顾客信任自己就显得尤为重要。

顾客销售谈判结束一般意味着交易的开始，而不是交易的完成。导购需要考虑与顾客的长期关系，给顾客留下再次光临的愿望，让顾客变成品牌的忠实顾客，甚至让顾客对导购本人产生信赖。

3.服装导购销售谈判原则

（1）对产品相关知识和关键专业环节的学习掌握

导购客服要不断接受培训和自我学习，在学习中把握品牌 USP 推销技巧的关键点，对产品相关知识和关键专业环节要不断熟悉。

（2）不怕拒绝，克服障碍

增强自信，自我激励。满足顾客需要、为顾客带来利益和价值。即使顾客拒绝了也没关系，如果顾客的确不需要，他们当然有拒绝的权利；如果顾客需要却不愿购买，那就正好利用这个机会了解顾客不买的原因，不怕拒绝，克服障碍，使用自己的能力解决问题。

（3）解决销售障碍，不断地为自己树立目标

服装导购和线上客服是对专业知识和销售技能要求很高的职业，只有具备丰富的产品知识、销售专业知识、社会知识，才能准确把握，解决销售障碍。服装导购和线上客服是一个富有挑战性的职业，需要不断地为自己树立目标，并通过努力不断地实现目标，从中获得成就感。

4. 准确把握顾客的购买心理和动机

服装导购和线上客服要充分了解顾客的需求，寻找产品和品牌可以给顾客带来的利益点；理清顾客关心的利益点和沟通思路；多向同事和上级请教经验，了解顾客成交的信号，运用USP销售技巧；准确把握顾客的购买心理和动机。

5. 克服习惯障碍

服装导购保持积极的态度、尊重顾客、做好顾客记录和顾客分析，不断提升自己的专业水平，使顾客乐于和你沟通。服装导购对产品的详细讲解和真诚态度，对顾客的决策有很大影响。服装导购的行为、举止、态度、能力都会影响顾客对服装品牌的认知，是产品销售和品牌展示的关键。

6. 向金牌导购学习

以那些业绩突出的服装导购为榜样，学习他们的优点和经验。团结同事，尊重同事，以开放的心态建立良好的人际关系。

二、怎样写销售脚本

1. 内容

（1）先确定USP销售脚本的形式和写作的主题。

（2）列好提纲，整理写作思路。

（3）写好开头，注意一定引人注意（FAB法则）。

（4）针对顾客的问题，逐个突破。

（5）结尾进行总结和补充，可呼应一下开头，再作一下补充。

（6）展开：总结自己独有的销售语言、服装搭配技巧等。

（7）补充：相关服装知识。

2. 要点

（1）把握消费者的需求。

（2）随时记下灵感，总结销售金句，运用到你的脚本里。

（3）形成自己的风格，自己的语言，自己的思路。

（4）创造一些与众不同的表达方式。

三、电视购物脚本案例

1.案例一　欢迎来到XX电视购物频道（产品展示视频）。

主持人A和B：不图赚"米"，就是送福利，涨人气！

主持人A：今天我们要给大家推出的是真丝丝巾！炎炎夏日，太阳的暴晒会对女生的肌肤造成难以修复的伤害，所以一条美美的丝巾，就能够起到防晒的作用，使你的肌肤免受到紫外线的侵害。

主持人B：特别是在海边，在海风的吹拂下，一条丝巾不仅能够起到防晒的作用，还能让女生的气质顿时添加"仙气"。

主持人A：原本价值XX元的真丝大方巾现在打七折只要XX元！还有原价XX元的乔其真丝巾现在只要XX元。更重磅的是：购买两条丝巾另送价值XX元的小丝巾！另外拨打左上角的销售电话可以赠送运费险！观众们：这种优惠可以错过吗？

主持人B：不可以！

主持人A：观众们，我说一下，我做了十多年主持人，从来没有遇到像今天这么大的折扣，大品牌的真丝丝巾，我自己都要留两条送家人！

主持人B：我们也给大家展示一下丝巾的系法（视频）。

主持人A：观众们看一看，哪一款都值个几百块！买回去，要是不满意、不喜欢、不合适的，通通支持七天无理由退货！

主持人B：我来拉近镜头，大家可以看看这块丝巾的细节（展示）。

主持人A：今天全场都是亏本清仓的，XX元买不了吃亏买不了上当。

主持人B：今天我们栏目全部都是低于成本的价格，亏钱清仓的。

主持人A：所以观众们看完价格自己衡量一下，备货不多，共500条，售完没货啦！想要的、喜欢的直接打电话XX，快递给您送回家！

〖案例思考题〗

1.分析本案例中产品FAB描述、情景设计、关键因素介绍的优缺点。

2.参考案例，写一份5分钟电视购物脚本。

2. 案例二

A 为主持人，B 为 XX 品牌负责人。

A：哈喽！大家好，我是今天的主持人 XXX。

B：哈喽！大家好，我是 XX 品牌负责人 XXX。

A：虽然快要到夏天了，但是杭州最近的天气还是蛮阴晴不定的呢！

B：是啊，我有时出门都不知穿什么好，穿多了怕太热，穿少了又怕太冷。在这种时候，我一般会穿连衣裙，但是仅仅是一条连衣裙又显得太单调了。

A：看来大家都有一样的苦恼呢，既想要穿的舒适，也想要穿的个性。

B：主持人有什么好的推荐吗？

A：那你就问对人了，我想在这种时候，搭配一条丝巾就是很不错的选择。

B：市场上的丝巾品质良莠不齐，所以今天我们特地为大家带来了来自丝绸纺织龙头企业 XX 品牌的丝巾。

A：那么朋友们，接下来跟随我们的脚步，一起体悟 XX 品牌丝巾的魅力吧！

B：这三款丝巾都是用 100% 的桑蚕丝编织而成，真丝能增强皮肤细胞的活力，促进皮肤细胞的新陈代谢。而且丝巾采用了新科技，对面料加以改进，手感也更加柔软亲肤。丝巾上的花纹来源于设计大师的设计，非常典雅！戴上这款丝巾也会显得您非常有气质。

A：这款丝巾的细节处理也非常精细，每个边角都经过精细的手工缝制！在这种阴晴不定的天气，一条丝巾既可以作为日常搭配的亮点，同时也起着保暖防晒的作用，真的是一件非常重要的单品啊！

B：这么好的丝巾应该很贵吧？

A：朋友们有这样的想法我们很能理解，但是今天我们和 XX 频道一起合作，回馈新老客户。真丝小方巾原价 XX 元，现在只要 XX 元！真丝大方巾原价 XX 元，现在只要 XX 元！真丝乔其长巾原价 XX 元，现在只要 XX 元！

A：如果组合购买的优惠力度更大噢！三条一起买只要 XX 元！

B：哇，这也太划算了吧。

B：有朋友可能会担心，丝巾买回去不会系怎么办？

Ａ：没有关系，我们接下来会教您如何佩戴丝巾。（1分钟视频演示）

Ｂ：看来丝巾真的是一件百搭单品呢，但是花了那么多钱，最后只有快递袋子包装，多不划算啊！

Ａ：大家完全不用担心，扫描屏幕右下角的二维码，关注XX品牌公众号，即可享受礼盒包装。

Ｂ：而且最近母亲节，打电话对客服说出"母亲节快乐"的秘密口令，还可以享受我们品牌赠送的祈福香囊一枚噢！

Ａ、Ｂ：赶紧拨打热线XX，速来抢购吧！（图4-4）

图4-4 电视购物场景1

〖**案例思考题**〗

1.分析本案例中产品FAB描述、情景设计、关键因素介绍的优缺点。

2.参考案例，写一份5分钟的电视购物脚本。

3. 案例三

A 为主持人，B 为品牌经理。

A：欢迎进入到我们电视购物频道，大家运气真是太好了，我们今天要介绍一款重磅产品！首先做个自我介绍我是主持人XX，这位是我们XX集团的XX经理。

B：哈喽，电视机面前的观众朋友们，你们好呀！

A：XX，你是怎么从公司来到这里的呀？坐飞机吗？

B：对呀，又快又便捷。

A：那还真是！出差什么的要注意做好防护哦！

B：谢谢XX的关心呀！电视机面前的观众朋友们也要注意防护，安全出行哦！

A：你这次来了，我有一个问题可好奇了，听说XX集团在母亲节到来那一天，是不是还规定给员工放一天假，回家陪陪妈妈呀！

B：对呀，这都被你知道啦！

A：XX品牌对员工真好呀！那您有什么计划吗？带妈妈出去玩还是？

B：准备带妈妈去露营！多体验体验生活，还准备一条丝巾送给我妈妈，公司本品牌主推，放心也合适！

A：您对妈妈真好呀！电视机面前的观众朋友们会送什么给母亲呢？选择好还是没选择好的朋友们都来看一看，我们这倒是有一个不错的选择！

B：没错，我这次来呀，带来了我们公司主打的三款丝巾，不管是女士还是男士，自己戴还是送家人朋友，都可以选择哦！

A：接下来我会带领大家进入今天的正题！向大家细细介绍这三款丝巾！观众朋友们可以扫描屏幕下方二维码进行抢购哦！

B：我们这次带来的丝巾数量不是很多，因为物以稀为贵嘛，但是，但是（语气加重）我们会以最优惠的价格给到大家，观众朋友们要拼好手速和网速哦，把真丝丝巾带回家！（鼓掌）

A：第一款丝巾是我们XX丝巾，大小是70厘米×70厘米的，是比较热门的一款尺寸！材质是100%桑蚕丝，真正的纯天然产品。它的原价是X元，今天我们就是为大家而谋福利嘛，所以，XX能给到什么价呀！

B：亲爱的观众朋友们，这款丝巾在我们实体店铺是非常热销的，花色正，版型正，库存只有 X 单，刚才 XX 也说了会给到大家最优惠的价格，所以今天不要 X 元也不要 X 元，来到这里只要 X 元！

A：哇，真是"太酷啦"！大家要把握好机会哦！接下来我们来看看第二款丝巾，大小是 90 厘米×90 厘米的，存在感很强的一款丝巾，材质也是 100% 桑蚕丝，原价为 X 元，那这款丝巾在我们直播间又会是什么价呢？

B：这款丝巾是送长辈们最好的选择！大小刚刚好，材质是素绸缎，花色朴素不失典雅，是日常百搭款，适用范围也是最广的！

A：经常接触丝巾的朋友们应该知道，素绸缎是最好的选择！自然的光泽感，手感光滑亲肤，很显贵气！

B：是的，没错！所以啊我们这款给出价格是 X 元。

A：这也没便宜多少呀，好不容易来一次直播，价格能不能再实惠点呀！

B：这可不行，我们这次给出的价格都差不多是成本价呀！

A：哎呀真是，大气点嘛，观众朋友们都看着呢，我相信观众朋友们会给我们很好的反馈的！是不是啊电视机面前的朋友们？

B：这款丝巾真的卖得很好，送礼也是很合适，我们给出 X 元的价格！给今天的观众朋友们送波福利！

A：朋友们还等什么呀！还不赶紧冲冲冲，机不可失，失不再来呀！

B：（接下来介绍第三款丝巾）有一句话我不知道你们有没有听过啊，"紫为尊，绿为贵"。

A：哦？

B：姐妹们，我先问一下，你们家里面有没有绿色丝巾，如果有的话呢，这个姐姐肯定是洋气的。

A：为什么呢？

B：因为绿为贵，绿色代表很尊贵的颜色，如果你家里没有一条绿色丝巾的话，说真的啊，衬托不出你的气质！

A：确实，来，我们来看一下这款绿色的丝巾，大小是 100 厘米×100 厘米的，它的成分是 40% 的桑蚕丝，60% 的羊毛，摸着非常顺滑，而且这是一条四季都很实用的丝巾！

B：大家还不快拨打电话，赶紧冲冲冲！

A：这是我们今天上市的最后一件产品，注意了！我要"炸"大福利了！我跟你讲，这个价格不得了，"贴地板"的！

B："贴地板"价能多少呢？大家好不好奇？

A：这款超显气质的丝巾在我们频道只用 X 元就能把它买下。

B：哇，只能说买到就是赚到了吧！

A：接下来我们展示一下这三款丝巾的细节，请大家仔细斟酌哪一款更深得你们的心吧！

（细节展示）

B：我们刚才又向公司总部为朋友们谋求了一大福利！如果朋友们 3 款丝巾一起买就送"礼盒+礼袋+贺卡"。如果您买丝巾是为了当作礼物送给他人，我们这边还提供代写服务，写到您满意为止呢！

A：哇！有这福利，我要赶紧下单买给我妈妈当礼物了，这不是母亲节快到了吗，抓住契机呀朋友们！但观众们都知道的一件事是，我们频道主要就是为大家谋求福利，库存是非常紧张的，而且没有库存，新粉要注意了，要拼手速咯！

B：我们即将开始限时秒杀，只有两分钟哦！屏幕前的观众朋友们拼好你们的手速和网速，拨打电话 XX 进行购买，可多买或者都买哦！

A、B：来，我们一起倒数五个数 5—4—3—2—1！

A：大家抢到了吗？

B：没抢到也没关系哦！锁定每周五晚七点半我们的频道，一些畅销产品可能会返现哦！

A：所以大家要充满期待哦！接下来为大家介绍一种丝巾系法作为彩蛋，感兴趣的朋友们可不要错过哦！

B：嗯嗯，也要期待我们下一期的直播时间。（图 4-5）

〖案例思考题〗

1. 分析本案例中产品 FAB 描述、情景设计、关键因素介绍的优缺点。
2. 参考案例，写一份 5 分钟的电视购物脚本。

图 4-5　电视购物场景 2

四、USP 销售技巧运用案例

1. 案例 1

为肤色较深的顾客推荐宴会装。

导购：欢迎光临！董女士好久不见。

顾客：好久不见啊小张。

导购：看您经常戴着护腕，是不是喜欢去健身啊？

顾客：是啊，我刚从健身房过来呢！

导购：是二楼那个健身房吗？

顾客：对啊，我都在那儿健身一年多了。

导购：我之前也有去健过身，不过没有像您一样的毅力坚持下去。

顾客：我刚开始也有些坚持不住，慢慢来就好了，现在基本上天天去。

导购：怪不得见您体态轻盈，气质也越来越好了呢！

顾客：哈哈，真的吗？那我健身还是有点用的。

导购：那当然啦董女士，您这身材都能当我们店里的模特了呢！

顾客：经常去户外健身都晒黑了，晚上还要去参加晚宴，你给我推荐一下？

导购：女士，您这是健康的小麦色，很多人想要都求不来呢，我们店有很多适合您的衣服。我最推荐的就是这件宴会装了，这件饱和度低的藏蓝色完全不显黑，长裙开衩，简约又带些性感，背部的蝴蝶结很有设计感，一字肩展现您的天鹅颈，特别优雅。面料是 100% 真丝，手感柔软，光泽感很好，穿着也很舒适。这件衣服简直是为您量身定做，您平时健身形成的凹凸有致的身材穿上它真是锦上添花！能在宴会上大放异彩，很值得您为它投资！试衣间在这边，我带您去！（引导手势）

顾客：好的，我去试试！

〖案例思考题〗

1. 你认为案例中导购的 USP 金句有哪些？
2. 试分析案例中 USP 销售技巧的优点以及不足。

2. 案例 2

顾客说：你们的风格怎么变来变去的。

导购：我们最近上新了，有几件颜色和版型都很适合您，您要不去看一下吧？

顾客：好的，你带我去看一下吧。

导购：这件衣服怎么样呢？它在这里有一个独特的设计，是我们品牌知名设计师倾情打造的，面料摸起来十分顺滑，我觉得颜色也十分衬您的肤色，您可以试一试。

顾客：但是我感觉你们这些服装风格变来变去的，有点不太适合我。

导购：其实对各种风格的尝试也是为了找到最适合自己的服装，都说最适合自己的就是最好的嘛，况且我看您今天的服装穿搭是偏休闲的，其实您偶尔也可以换换别的风格，说不定也会有新的发现。俗话说得好嘛，好船儿也要好掌舵，说不定这件衣服的风格更能展现您的美呢！您的气质这么好，我相信一定您能驾驭住这件衣服，如果真的不适合，我也可以为您介绍其他的衣服款式，直到您找到适合自己的风格为止。

顾客：那好吧，你拿个 M 码我试下。

导购：好的，试衣间在这边，请跟我来。

【案例思考题】

1. 你认为案例中导购的 USP 金句有哪些？

2. 试分析案例中 USP 销售技巧的优点以及不足。

3. 案例 3

顾客说：我丝巾只买 XX 品牌。

顾客：周末和我朋友已经商量好了要出游几天。

导购：出游有一条丝巾还是很有必要的。刚好我们店内刚进了一批真丝丝巾，您要不要看看？

顾客：丝巾啊？丝巾我只想买 XX 品牌。

导购：大品牌的丝巾固然是好的，但我们的丝巾也很有特色。我们的丝巾用的是公司研发了五年的新型真丝面料，不管是质感和质量都是很好的，设计图案还具有国潮国风元素，而且相比于大牌的丝巾，我们的价格显得更为实惠，您能用更少的钱买到更心仪的产品，今天省下的钱就是明天赚到的钱，何乐而不为呢！如果您感兴趣的话我拿给您试试看？

顾客：那我试试看。

【案例思考题】

1. 案例中导购运用了哪些 USP 销售技巧打消顾客的顾虑？

2. 试分析案例中 USP 销售技巧的优点以及不足。

4. 案例 4

为肩宽的女士推荐晚礼服。

顾客：我肩有些宽，你看看哪个款式适合我？

导购：您看看这件怎么样？这款无袖西装领的设计很显气质，使视线重点集中在领子上，又加了细钻点缀，无袖的设计不显肩宽，黑色又收敛、又很显气场，您腰这么细，这款收腰设计刚好能把腰线凸显出来。我带您去试衣间试下？

顾客：行，那我试试吧！（试衣间进出）

导购：哇，这件衣服简直是为您量身定制的一样！您看看，穿起来衬得您皮肤更加白皙了。这个版型也是，把您的好身材都穿出来了。这件晚礼服实在是再适合您不过了！

顾客：确实不错，那帮我包起来吧。

导购：好的，收银台这边请。（动作引领）

〖案例思考题〗

1. 你认为案例中导购的 USP 金句有哪些？

2. 试分析案例中 USP 销售技巧的优点以及不足。

5. 案例 5

为特殊体型的顾客推荐晚礼服。

顾客：我今天要参加晚宴，想要挑选一套晚礼服，但是我怀孕了有肚子。

导购：好的女士，我们这里有一款黑色的高腰线收腰大裙摆晚礼服，非常适合晚宴穿着，这款晚礼服很大气，穿着也方便，黑色是最显瘦的和最端庄正式的颜色，高腰线的设计可以拉长身材比例，大裙摆也可以给您的肚子留下空间，而且我还建议您搭配一些抢眼的项链耳环等，您觉得怎么样呢？穿一件漂亮的礼服会带给您信心和快乐，同样它也会给您肚子里的宝宝带来幸运呢！要不我带您去试衣间试试？

顾客：好的，那我试试看。

〖案例思考题〗

1. 你认为案例中导购使用了哪些 USP 销售技巧？

2. 试分析案例中 USP 销售技巧的优点以及不足。

6. 案例 6

顾客只买纯天然面料环保服饰。

导购：欢迎光临，好久不见。

顾客：好久不见。

导购：刚好今天上新啦，这边都是一些新品，您要不要看看？

顾客：我只买纯天然面料的环保服饰哦。

导购：您放心，看出来您是非常注重绿色环保的客人，您看这边的服饰全部是有国家认证的环保标志的，这一点您大可放心。

顾客：网上也有新闻说有些衣服打着环保标志，其实都是利益至上。

导购：是啊，可能有这种情况，但是我们品牌商业信誉是第一，不为赚钱，只为做宣传，绝不会出现这种问题。您放心，迄今为止还没有顾客因为产品质量问题来退货。我们的环保服装很舒服，我的瓜甜不甜，您试了才知道对不对？这款亚麻面料的T恤，面料环保，非常柔软，款式也很新潮，很适合您的气质，要不我帮您拿个您的尺码？

顾客：好的，麻烦拿个L码我试下。

〖案例思考题〗

1. 你认为案例中导购运用了哪些USP销售语言？
2. 试分析案例中USP销售技巧的优点以及不足。

7. 案例7

为顾客推荐面试着装。

导购：欢迎光临。

顾客：你好，我过几天就要去面试了，想要买一套正装。

导购：那您可算来对了，我们店最近到了一批新的正装您可以看看。（动作引导）

导购：我给您推荐的这套西装，是我们公司最近刚上线的新产品，面料是我们品牌刚研发出来的新面料，上身很有型，不易皱、版型好。这套黑色西装配色庄重又严肃，搭配白衬衫和领带，能让面试官看到您对本次面试的重视程度。而且我觉得一件好衣服就像一匹千里马，如果遇不到一个好的伯乐也没办法发光发亮，这件衣服真的很适合您，我觉得只有您才能把它的穿着效果发挥到最好。

顾客：可是好贵啊！

导购：是这样的先生，我们品牌的话一直是这个价格，全国统一定价。虽然价格不是很低，但是在同等价位里面一定是正装中的战斗机。而且我们的售后也是非常完善的，如果您在家里没有条件熨烫和清洗西装，您可以拿着衣服去离您最近的线下门店，终身包洗熨。

顾客：那有没有什么优惠？

导购：有的先生，您可以办个会员卡，享9.5折。现在店里有活动，购买西装还免费送品牌自己出品的限量版领带一条，这个可是非卖品哦！先生，心动的话可别错过了，我拿一件您的尺码给您试一下吧，试衣间在这边。（动作引导）

〖案例思考题〗

1. 你认为案例中导购运用了哪些USP销售语言？
2. 试分析案例中USP销售技巧的优点以及不足。

8. 案例8

为顾客推荐一套出席会议的汉服。

导购：欢迎光临。最近天气不错呀！

顾客：对呀，天气凉爽，大家可以穿喜欢的衣服出游。

导购：您今天这身衣服真不错，很有国风元素。

顾客：是的，不管衣服还是装饰，我都比较喜欢购买一些国风元素的东西。

导购：我们品牌的汉服穿在身上也很有中华传统文化的表现力的。

顾客：最近有个会议，我想穿汉服去，有什么合适的推荐一下。

导购：好的，我们店刚上新了一款汉服是比较正式的设计，而且颜色款式也很多，我给您搭配一套吧？

顾客：价格会不会很贵呢？

导购：您放心，这款虽然有点贵，但俗话说"芙蓉不及美人妆"，汉服之美谓之华，华是一种气度，一种民族气质和民族精神，是可以穿很多年不过时的。您可以在任何场合穿这身汉服，都会与众不同，雍容华贵又显气质，不仅如此，这件衣服面料很轻薄，也适合夏天逛街穿，今天新品优惠，凡购买套装可打八折，这样算下来性价比还是很高的，您试穿一下？

顾客：好的，我去试试。

〖案例思考题〗

1. 你认为案例中导购的 USP 销售语言有哪些?
2. 试分析案例中 USP 销售技巧的优点以及不足。

9. 案例 9

顾客说：西装这个价格还不如买 XX 大牌的。

导购：您看看我们刚刚上新的这几款，都是今年的流行色，很衬气质呢。

顾客：好呀，那你带我看看吧。

导购：您看这件西装怎么样？这款是我们品牌设计师独家设计的，整件衣服挺括感特别好，它用的也是非常透气的面料，夏天穿也不会感觉闷和热。不同于市面上售卖的正式西装，我们这件更偏休闲一点，平时日常穿起来也不会太死板，大方中又不失活力，很适合您。

顾客：西装这个价钱还不如买 XX 大牌呢！

导购：虽然 XX 大牌是成熟品牌，但我们品牌是设计师独家设计的，包括面料有很多新科技元素。比起 XX 大牌，我们只用真心换诚信，有特色优质的服务！

顾客：有什么服务呢？

导购：我家的售后服务是绝对值得您信赖的，我们售出的服装可以终身保养，包括西装的干洗、熨烫、钉扣、修改等，您去大牌购买，不一定有这么多的服务项目。我觉得以这个价格来获得终身的服务，还是很值得的。您说对吗？

顾客：你说得很有道理，那这件衣服让我试试吧！

导购：好的，您这边请，我给您拿个尺码。

〖案例思考题〗

1. 你认为案例中导购运用了哪些 USP 销售语言?
2. 试分析案例中 USP 销售技巧的优点以及不足。

10. 案例 10

顾客说：服装风格不够潮流。

顾客：感觉你们的服装风格太复古了。

导购：您说得没错，但是大家都说时尚是个轮回，今年流行复古风呢。

顾客：我怕流行过去就不够潮流了。

导购：您是我们的老客户了，知道我们的衣服设计和款式都十分经典，这款工装裤面料十分柔软，而且细节处理得也非常好。俗话说："经典永流传。"经典款加上独特的设计，它是永远都不会过时的。而且这个颜色也非常衬您的肤色，显得您非常甜美，很有朝气蓬勃的感觉，要么给您拿件试穿一下？

顾客：那我去试试吧！

〖案例思考题〗

1. 你认为案例中导购运用了哪些 USP 销售语言？
2. 试分析案例中 USP 销售技巧的优点以及不足。

11. 案例 11

为身材瘦小顾客推荐出席婚礼的服装。

导购：好久没见到您了。

顾客：哦，我最近在筹备我朋友的婚礼。

导购：您出席婚礼的服装准备好了吗？

顾客：还没有，我也很头痛，我身材比较瘦小，穿衣服很难搭配。

导购：您要不看看我们店上新的小礼裙，优雅又大气。

顾客：有什么推荐吗？

导购：您看看这件吧，蓬蓬袖的设计很经典，俗话说经典永流传嘛，这件礼服裙的下半身是紧身的设计，可以很好地显示您的身材。它也是我们发布会重点展示的一款，您可以看下店里的视频，模特也是和您一样小骨架的身材，宝石蓝穿起来很好看，我相信您穿起来也一定很美。

顾客：好的，你拿个尺码我试穿下。

〖案例思考题〗

1. 你认为案例中导购运用了哪些 USP 销售语言？
2. 试分析案例中 USP 销售技巧的优点以及不足。

12. 案例 12

顾客说：自己穿的效果跟模特有差别。

导购：您来得真是太巧了！今天刚上新了几件模特同款的裙子，我觉得这件蛮适合您的，您要不试试？

顾客：这件吗？我感觉自己穿的效果和模特有差别吧。

导购：也许别的服装品牌选的模特都是身材又高又瘦，但是我们品牌的模特大都选用普通身高的素人，您看拍出的照片和视频都很真实。每个人穿衣的气质都不一样，您本人又这么漂亮又有气质，您穿上肯定能彰显出不同的效果，显得高贵又优雅！我的瓜甜不甜，光我说了不行，您亲自尝一下就知道了，我带您去上身试试吧？

顾客：好，那我先试试吧。

导购：好的，这边请。（手势引导）

〖案例思考题〗

1. 你认为案例中导购运用了哪些 USP 销售语言？
2. 试分析案例中 USP 销售技巧的优点以及不足。

13. 案例 13

顾客说：牛仔面料不环保。

顾客：最近那个关于环境污染的新闻你看了吗？

导购：当然啊，环境污染现在是热点问题啊。

顾客：舆论都说牛仔面料不环保。导购：是这样的，任何事情都有其特殊性，您可以跟我说说，这样我们才能对症下药，然后才可以药到病除。

顾客：他们不是说牛仔裤生产过程会污染环境吗，我怕穿了对身体不好。

导购：这点您放心，因为牛仔面料的制作工艺比较复杂，它的制作过程很费水，如果生产企业不合规处理，就可能会导致环境污染。我们公司的面料采用全新的环保面料，以环保的闭合式工艺可持续生产，避免了工艺上多道复杂不环保的工序，您完全不用担心，我们的牛仔面料都是天然无污染的。您看，这件环保天丝牛仔裤，柔软轻薄。上身舒适感满分，给您拿一件试试?

顾客:好,那我试试看。

〖案例思考题〗

1. 你认为案例中导购运用了哪些 USP 销售语言?
2. 试分析案例中 USP 销售技巧的优点以及不足。

14. 案例 14

顾客想买一套,但是没有码数了。

顾客:这件上衣我很喜欢,还有搭配它的短裙,我想试穿下 S 码。

导购:抱歉,我们店内的短裙 S 码卖完了,卖得这么好,可见它是多么受欢迎。这样吧,您要是真的很喜欢这件短裙的话,我们加个微信,我一定会尽快帮您调货,等合适的尺码到了我会第一时间通知您或者寄给您。现在快递寄到家也很方便的。

或许您也可以搭配这条裤子,这条裤子也是新款呢,您看橱窗里展示的也是和您这件上衣组合搭配的,虽然它们不是一套,但是组合搭配起来也很好看,前者清新休闲,后者职业干练。裤子颜色也很百搭,要么您试穿一下?

顾客:好吧,麻烦拿件 S 码,我试试看。

〖案例思考题〗

1. 你认为案例中导购运用了哪些 USP 销售语言?
2. 试分析案例中 USP 销售技巧的优点以及不足。

15. 案例 15

为梨型身材的顾客推荐晚礼服。

导购:您看看这件,是我们店刚刚上架的最新款晚礼服,非常符合当下流行趋势呢!

顾客:这件不太适合我吧,我是梨型身材,下身有点胖。

导购:您看起来一点都不胖呢,您看这件晚礼服,它是一字肩设计,我看您上身纤细，这个款式能完美露出您的天鹅颈，显得气质高贵，而且裙子腰身很高，是Ａ字裙设计，穿上可以拉长腿部线条，非常显腰臀比呢，要不我给您拿件您试穿一下？

顾客：好的，我试下，裙子摸起来面料像是真丝雪纺？

导购：您真的很有眼光呢！真丝雪纺的面料具有丝的柔性，手感非常细腻、柔滑，面料轻薄，透气性较好，穿上去清爽凉快，较适合夏天穿着。真丝雪纺纱袖遮手臂效果也很好，灯光下会更加好看！裙摆内外共四层，一层白色打底加上三层蓝色纱，上有点缀亮片，质量很好不会掉的！

顾客：我去试一下吧。哇，穿上真好看！

导购：看来这款裙子真的很适合您！您是我见过穿这件晚礼服最美的人了，简直像女明星一样！跟您平时的休闲装风格完全不一样呢！

顾客：谢谢，你真会夸，那这件礼服多少钱呀？

导购：现在我们店搞活动，您是我们店的老顾客，给您算会员价折后是Ｘ元。

顾客：这么贵！不能再优惠点吗？

导购：我也想给您优惠呀，但这已经是我们的最低价了。俗话说一分价钱一分货，我们家的质量是一等一的好，您可以放心质量百分百对得起价格，而且它简直像为您量身定做的一样呢！

顾客：真的吗？那帮我包起来吧。

导购：好的，这边请，今天可以另外赠送您一个手拿包，很配您的礼服呢！您平时清洗礼服的时候要注意不要机洗，由于我们的礼服材质特殊，最好送到专业洗衣店洗，欢迎您下次惠顾哦！

〖案例思考题〗

1. 你认为案例中导购运用了哪些 USP 销售语言？
2. 试分析案例中 USP 销售技巧的优点以及不足。

16. 案例 16

为身材瘦小的女士推荐一款婚纱。

顾客：这款婚纱设计好独特，我很喜欢，但是我太瘦了，感觉我穿这一款婚纱可能撑不起来，效果没有那么好吧？

导购：这个问题您完全不用担心，这款婚纱它足够华丽闪亮，大气又上档次。而且这一款是采用了公主袖的设计，胸前有多层串珠的点缀，后身是美背的设计、满满的细节设计，精致至极。其实这一款婚纱对腰部和腿部的要求是相当高的，您的腰细腿长，身材比例特别好，穿这款婚纱简直太合适不过了！您可以去试衣间试一试，看再多遍，不如上身试一试，您觉得怎么样呢？

顾客：再看看。（顾客试完之后觉得价格有点高）

导购：女士，您选择我们品牌就是看到我们优质的产品和优秀的专业服务，俗话说，能征服人心的不是价格，而是品质，能发展下去的不是侥幸，而是专业。最重要的是这款婚纱真的很适合您：显得您身材修长、气质高贵，婚礼上您也能将自己最美的一面展现出来。假如您今天没有订下这款婚纱，回去之后后悔了，然后再来订发现没了，那真的是太可惜呢！建议您可以先订下，之后婚纱我们都是专人送到您家的！而且今天订婚纱，我们店送新娘化妆和美睫呢！

顾客：好吧，那你先帮我订下吧。

〖案例思考题〗

1. 你认为案例中导购运用了哪些 USP 销售语言？
2. 试分析案例中 USP 销售技巧的优点以及不足。

17. 案例 17

选购中学生的参赛服装。

顾客：今天来是为了选购中学生的参赛服装，男生和女生的款式都需要的。

导购：好的，我们的风格是正装加学院风，很适合各种比赛。

顾客：收到这个通知我就想到你们店了，风格款式有很多选择。

导购：感谢您第一个考虑到我们品牌，真的非常荣幸。您可以看看我们店上的新品系列。

顾客：新品可以呀，就是不知道会不会跟其他参赛选手撞款？

导购：没错我已经为您考虑到这个问题了！我们品牌提供定制服务，可以在服装上绣上参赛者的名字，还可以定制你们学校专用的服色。您稍等，我给您拿新产品手册，您可以先选款式和面料。您放心，定制服装一定会达到您的要求，效果会超出您的预期！

顾客：你们服务太周到了！这款和那款各订十件，具体的尺码和定制要求我发给你。

导购：没问题！跟您合作真是太愉快了，您真是个果断的人！

顾客：谢谢！你的服务也非常周到细致。

【案例思考题】

1. 你认为案例中导购运用了哪些 USP 销售语言？
2. 试分析案例中 USP 销售技巧的优点以及不足。

18. 案例 18

顾客说：和其他品牌比价格高。

导购：您有听说过最近 XX 设计的竞速跑鞋获得了设计奖吗？真的是太厉害了！

顾客：是啊，他真的是给大家不断地带来惊喜。

导购：我每天都在关注娱乐运动方面的资讯，什么款式最流行、什么衣服性价比最高，我都很清楚。您觉得前段时间上新的小黑鞋系列怎么样？

顾客：每一款都很有设计感，我平时跑步都会选它的。

导购：看得出您是一个热爱运动的人，好的运动鞋一定要配好的运动服，您要不看看我家的新品运动服，我觉得这款很适合您。

顾客：嗯，但是和其他品牌比价格高了。

导购：是的，可能会出现这样的情况。过去国货品牌总是被嫌弃，被外国产品碾压。但是发展到现在，国货已经做得越来越好，越来越深入人心了。您知道我们家作为十几年的国货老品牌，款式都是很经典、很有设计感的，穿很多年都不会过时。而且我们公司今天在做活动，满 X 元减 X 元，我给您拿一件试一下吧？

顾客：好的，麻烦拿个 L 码。

〚案例思考题〛

1. 你认为案例中导购运用了哪些 USP 销售语言？
2. 试分析案例中 USP 销售技巧的优点以及不足。

19. 案例 19

顾客说：冲锋衣的涂层材料是低端面料。

导购：这款冲锋衣防风又保暖，女士您可以试下。

顾客：（试穿后）可是冲锋衣涂层材料是不是都是低端面料呀？

导购：看来您很专业，对服装很了解啊！有些冲锋衣的涂层材料确实是比较低端，但是这款完全不是哦，这是我们公司刚研制的 A 级新涂层面料，采用了新技术，防风又防雨，保暖性超好，功能强大，您完全可以相信我们品牌的品质。而且这款我们卖得非常好，颜色搭配很亮丽，穿出去旅游拍照上镜效果特别好，并且这件不仅旅游穿，日常搭配也非常时髦。既时尚又经久耐穿，买一件相当于买几件呢！

顾客：这个价格有点高。

导购：是的，因为您试的这款是本店的高端产品，我们的老顾客反馈都非常好穿。您今天运气好，一来就碰上新款打折了。今天又是我们店的会员日，可以减 X 元哦！现在购买是非常优惠的！女士您喜欢的话不妨带一件。

〚案例思考题〛

1. 你认为案例中导购运用了哪些 USP 销售语言？
2. 试分析案例中 USP 销售技巧的优点以及不足。

20. 案例 20

顾客说：孩子太有个性了，她的衣服要自己挑，我做不了主。

导购：今天给女儿买衣服吗？

顾客：孩子太有个性了，她的衣服要自己挑，我做不了主。

导购：有个性好啊，与众不同。我看您女儿今天这一身的穿搭就很有个性，又时尚又潮流，很特别呢！

顾客：是的，这是她自己挑的。

导购：我觉得她眼光很好啊，今天这套衣服很适合她。女孩子嘛，个性一点就很有风格。正好，前几天我们店里到了一批新款，跟您女儿今天的穿搭风格很像呢，有几件可以试试看。

顾客：让她自己选吧！

导购：您女儿眼光真好，一挑就挑到了我们最近的爆款，这一套是今年很流行的穿搭，很适合她的个性和风格呢，我给她拿个均码，先让她去试穿一下，您再看看怎么样。我们店里的质量您也是知道的，不愧对每一个信任，不辜负每一个客户。我相信您女儿一定会喜欢的。今天我们店里还有88折优惠活动呢！

〖案例思考题〗

1. 你认为案例中导购运用了哪些USP销售语言？
2. 试分析案例中USP销售技巧的优点以及不足。

思政小课堂

汉服，是汉民族的传统服饰。又称衣冠、衣裳、汉装。汉服是中国"衣冠上国""礼仪之邦""锦绣中华"的体现，承载了中国的染织绣等杰出工艺和美学，传承了30多项中国非物质文化遗产以及受保护的中国工艺美术。

汉服"始于黄帝，备于尧舜"，源自黄帝制冕服。定型于周朝，并通过汉朝依据四书五经形成完备的冠服体系，成为神道设教的一部分。因此后来各个华夏朝代均宗周法汉以继承汉衣冠为国家大事，于是有了二十四史中的舆服志。汉服还通过华夏法系影响了整个汉文化圈，亚洲各国的部分民族如日本、朝鲜、越南、蒙古、不丹等服饰均具有或借鉴汉服特征。

参考文献

[1] 泽丝曼尔，比特纳，格兰姆勒.服务营销[M].张金成，白长虹，杜建刚，等，译.北京：机械工业出版社，2008.

[2] 邓恩.零售管理[M].赵娅，译.北京：清华大学出版社，2007.

[3] 龚震波.零售终端实战培训手册[M].北京：中国经济出版社，2009.

[4] 张秀云.销售高手教你卖服装[M].北京：人民邮电出版社，2010.

[5] 王禧.服装店面管理[M].北京：化学工业出版社，2008.

[6] 尚丽，张富云.服装市场营销[M].北京：化学工业出版社，2013.

[7] 王建四.服装应该这样卖[M].北京：北京大学出版社，2007.

[8] 惠亚爱.沟通礼仪[M].北京：高等教育出版社，2016.

[9] 徐明亮.服装营销实训[M].北京：中国纺织出版社，2019.